필사로 시작하는 영어 독서

2 명작 동화 따라 쓰기

재능많은영어연구소 지음

신유정 그림

휴먼어린이

몰입부터 습득까지, 성공적인 영어 독서의 시작!

영어 동화로 몰입하며 읽기

이 책에 수록된 스무 편의 영어 동화는 초등 교과 수준의 어휘와 문장으로 이루어져 있습니다. 한 편당 10개의 문장으로 정리하여 누구나 부담 없이 읽을 수 있습니다. 영어 동화를 읽으면 주인공의 감정에 몰입하면서 자연스럽게 문장과 표현을 흡수하게 됩니다. 감동적이거나 재미있는 이야기가 집중력을 끌어올려 학습 효과를 극대화합니다.

글의 핵심을 파악하는 영어 독서 시작하기

먼저 동화를 읽고, 단어들을 학습하고, 구조적으로 글을 파악하는 훈련을 합니다. 그리고 마지막에 전체 글을 따라 쓰는 확인 학습을 합니다. 전체적인 맥락을 먼저 파악하고, 세부적인 학습을 진행하고, 다시 전체 내용을 정리하지요. '전체→부분→전체'로 이루어진 구성을 통해 단어나 문장 단위의 독해를 넘어서 글의 핵심을 파악하는 독서 능력을 기를 수 있습니다.

단계적 반복 학습으로 영어 실력 다지기

또한 이 구성은 '단어→문장→단락'으로 나아가는 단계이기도 합니다. 단계별 학습으로 다양한 어휘와 문장의 구조, 문장 간 연결을 익히며 기초 실력을 다집니다. 이 과정을 스무 편의 영어 동화를 통해 반복합니다. 점진적인 학습 단계와 반복적인 구조는 아이가 영어 독서를 편안하게 시작할 수 있도록 돕습니다.

연필 들고 따라 쓰며 장기 기억 형성하기

영어 동화를 따라 쓰며 읽는 활동은 읽기(Reading), 쓰기(Writing), 듣기(Listening), 말하기(Speaking)를 동시에 자극하는 효과적인 학습법입니다. 학습 자극이 다양해질수록 기억은 또렷하게 남습니다. 따라 쓰기는 단순한 필기 연습이 아니라, 듣고 읽고 쓰는 활동을 유기적으로 연결하는 감각 통합 학습(Sensory Integrated Learning) 활동입니다. 반복해서 따라 쓰다 보면 문장의 패턴에 익숙해지고, 문법을 따로 공부하지 않아도 자연스럽게 활용할 수 있습니다.

책의 활용법

1. 영어 동화를 듣고, 읽고, 이해하기

Step1

어떤 이야기일까요?
동화에 담긴 주제를
미리 읽어 보세요.

월
일
DAY 4

The Wolf and the Seven Little Goats

"절대로 문을 열지 마
부모님이 안 계실 때 낯선 사람이
문을 두드리면 어떻게 해야 할까요?

이야기 듣기
따라 말하기

The wolf wanted to eat the seven little goats.
He knocked on their door and pretended to be their mother, "Let me in!"
The smart little goats asked, "Show us your paw!"
The wolf painted his paws white and fooled them.
He got inside the house! The wolf ate the goats.

28

When the mother goat came home, sh
wolf sleeping under a tree.
His stomach was big because the goats
She cut his stomach open, freed her kids, and filled
his belly with stones.
When the wolf woke up, he fell into the river and was gone forever.

29

Step2

그림으로
이야기를
상상해 보세요.

Step3

원어민 낭독으로
동화를 듣고,
들리는 대로 따라
말해 보세요.

Step4

동화를 우선 눈으로 읽고,
다음은 소리 내어 읽어 보세요.
어떤 내용인지 이해하고,
감상도 말해 보세요.

2. 단어로 본문 쓰기

Step5

주요 단어의 의미를
보기에서 골라 보세요.

The Wolf and the Seven Little Goats

1 단어로 본문 쓰기

단어들을 읽고, 주어진 문장을 써 보아요!

goat ☑ 염소 ☐ 늑대

The wolf wanted to eat the seven little goats.

늑대는 일곱 마리 아기 염소들을 잡아먹고 싶었다.

pretend ☐ 말하다 ☐ 흉내 내다

He pretended to be their mother, "Let me in!"

그는 엄마처럼 "나를 들여보내 주렴!" 하고 흉내 냈다.

paw ☐ 다리 ☐ 손, 발

The smart little goats asked, "Show us your paw!"

그 똑똑한 아기 염소들은 "당신의 손을 우리에게 보여 주세요!"라고 요청했다.

fool ☐ 속이다 ☐ 웃기다

The wolf painted his paws white and fooled them.

get inside

He got inside the house!

30

under ☐ ~위에 ☐ 아래에

She found the wolf sleeping under a tree.

그녀는 나무 아래에서 자고 있는 늑대를 발견했다.

stomach ☐ 등 ☐ 배

His stomach was big because the goats were inside!

그의 배는 염소들이 안에 있기 때문에 너무 컸다!

free ☐ 잡다 ☐ 풀어 주다

She cut his stomach open, and freed her kids.

그녀는 그의 배를 잘라 열고 그녀의 아이들을 풀어 주었다.

fill ☐ 채우다 ☐ 비우다

She filled his belly with stones.

그녀는 돌로 그의 배를 채웠다.

be gone ☐ 사라지다 ☐ 나타나다

He fell into the river and was gone forever.

그는 강에 빠져서 영원히 사라졌다.

31

Step6

단어가 포함된 문장을
따라 쓰며 익혀요.
문장 속에서 단어가 어떻게
쓰이는지 살펴보세요.

3. 문장 연결하기 & 이야기 완성하기

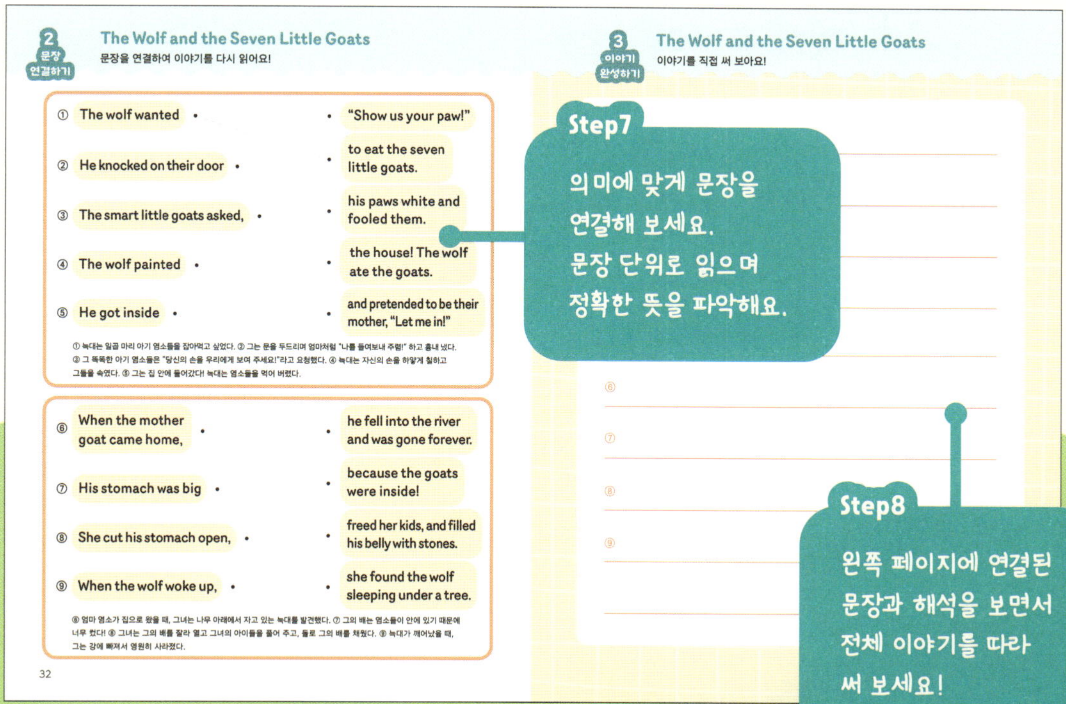

The Wolf and the Seven Little Goats

2 문장 연결하기

문장을 연결하여 이야기를 다시 읽어요!

① The wolf wanted •
② He knocked on their door •
③ The smart little goats asked, •
④ The wolf painted •
⑤ He got inside •

• "Show us your paw!"
• to eat the seven little goats.
• his paws white and fooled them.
• the house! The wolf ate the goats.
• and pretended to be their mother, "Let me in!"

① 늑대는 일곱 마리 아기 염소들을 잡아먹고 싶었다. ② 그는 문을 두드리며 엄마처럼 "나를 들여보내 주렴!" 하고 흉내 냈다. ③ 그 똑똑한 아기 염소들은 "당신의 손을 우리에게 보여 주세요!"라고 요청했다. ④ 늑대는 자신의 손을 하얗게 칠하고 그들을 속였다. ⑤ 그는 집 안에 들어갔다! 늑대는 염소들을 먹어 버렸다.

⑥ When the mother goat came home, •
⑦ His stomach was big •
⑧ She cut his stomach open, •
⑨ When the wolf woke up, •

• he fell into the river and was gone forever.
• because the goats were inside!
• freed her kids, and filled his belly with stones.
• she found the wolf sleeping under a tree.

⑥ 엄마 염소가 집으로 왔을 때, 그녀는 나무 아래에서 자고 있는 늑대를 발견했다. ⑦ 그의 배는 염소들이 안에 있기 때문에 너무 컸다! ⑧ 그녀는 그의 배를 잘라 열고 그녀의 아이들을 풀어 주고, 돌로 그의 배를 채웠다. ⑨ 늑대가 깨어났을 때, 그는 강에 빠져서 영원히 사라졌다.

32

The Wolf and the Seven Little Goats

3 이야기 완성하기

이야기를 직접 써 보아요!

⑥

⑦

⑧

⑨

Step7

의미에 맞게 문장을
연결해 보세요.
문장 단위로 읽으며
정확한 뜻을 파악해요.

Step8

왼쪽 페이지에 연결된
문장과 해석을 보면서
전체 이야기를 따라
써 보세요!

차례

월
일

DAY 1

The Ugly Duckling

A mother duck had three ducklings.

Two came out cute, fluffy, and yellow.

The other came out gray and ugly.

The ducklings laughed and made fun of the ugly duckling.

Even the mother duck was mean to him, too.

"달라서 더 좋아! 차이 존중하기."

모습이 다르다는 이유로 따돌리고 차별하면 안 돼요.
모두가 서로 다른 아름다움을 가지고 있어요.

✓ 이야기 듣기
✓ 따라 말하기

The ugly duckling ran away from his family.

One day, he saw a pond with beautiful white birds.

When the duckling walked to the pond, he looked down and saw his reflection.

He was no longer gray and ugly.

He was now a beautiful white swan.

The Ugly Duckling

단어들을 읽고, 주어진 문장을 써 보아요!

duckling

☐ 오리 ☑ 오리 새끼

A mother duck had three ducklings.

엄마 오리에게는 세 마리의 오리 새끼가 있었다. (have의 과거는 had)

fluffy

☐ 솜털로 뒤덮인 ☐ 흙으로 뒤덮인

Two came out cute, fluffy, and yellow.

두 마리는 귀엽고 솜털로 뒤덮여 노랗게 나왔다. (come의 과거는 came)

ugly

☐ 예쁜 ☐ 못생긴

The other came out gray and ugly.

나머지 한 마리는 회색빛에 못생기게 나왔다.

laugh

☐ 울다 ☐ 비웃다

The ducklings laughed and made fun of the ugly duckling.

오리 새끼들은 그 미운 오리 새끼를 비웃고 놀렸다. (make의 과거는 made)

mean

☐ 친절한 ☐ 심술궂은

Even the mother duck was mean to him, too.

엄마 오리조차도 그에게 심술궂었다. (is의 과거는 was)

run away

☐ 기다리다 ☐ 도망치다

The ugly duckling ran away from his family.

➔

미운 오리 새끼는 그의 가족에게서 도망쳤다. (run의 과거는 ran)

pond

☐ 연못 ☐ 호수

He saw a pond with beautiful white birds.

➔

그는 아름답고 하얀 새들이 있는 연못을 보았다. (see의 과거는 saw)

reflection

☐ 거울 ☐ 그림자

He looked down and saw his reflection.

➔

그는 아래를 보고 자신의 그림자를 보았다.

no longer

☐ 더 오래 ☐ 더 이상 ~않은

He was no longer gray and ugly.

➔

그는 더 이상 회색빛도 못생기지도 않았다.

swan

☐ 오리 ☐ 백조

He was now a beautiful white swan.

➔

그는 이제 아름답고 하얀 백조였다.

2 문장 연결하기

The Ugly Duckling

문장을 연결하여 이야기를 다시 읽어요!

① A mother duck had •	• mean to him, too.
② Two came out •	• gray and ugly.
③ The other came out •	• three ducklings.
④ The ducklings laughed •	• cute, fluffy, and yellow.
⑤ Even the mother duck was •	• and made fun of the ugly duckling.

① 엄마 오리에게는 세 마리의 오리 새끼가 있었다. ② 두 마리는 귀엽고 솜털로 뒤덮여 노랗게 나왔다. ③ 나머지 한 마리는 회색빛에 못생기게 나왔다. ④ 오리 새끼들은 그 미운 오리 새끼를 비웃고 놀렸다. ⑤ 엄마 오리조차도 그에게 심술궂었다.

⑥ The ugly duckling ran away •	• from his family.
⑦ One day, he saw •	• gray and ugly.
⑧ When the duckling walked to the pond, •	• a beautiful white swan.
⑨ He was no longer •	• he looked down and saw his reflection.
⑩ He was now •	• a pond with beautiful white birds.

⑥ 미운 오리 새끼는 그의 가족에게서 도망쳤다. ⑦ 어느 날, 그는 아름답고 하얀 새들이 있는 연못을 보았다. ⑧ 미운 오리 새끼가 연못으로 걸어갔을 때, 그는 아래를 보고 자신의 그림자를 보았다. ⑨ 그는 더 이상 회색빛도 못생기지도 않았다. ⑩ 그는 이제 아름답고 하얀 백조였다.

3 이야기 완성하기

The Ugly Duckling

이야기를 직접 써 보아요!

①

②

③

④

⑤

⑥

⑦

⑧

⑨

⑩

월
일
DAY
2

Goldilocks and the Three Bears

Goldilocks walked into a house in the woods.

She saw three bowls of porridge.

She tasted the first one. “Too hot!” she said.

She tasted the second one. “Too cold!” she said.

She tasted the third one. “Just right!” she said.

"경험해 보면 내게 맞는 걸 알 수 있지."

골디락스는 세 곰의 음식, 의자, 침대 중에서
어떻게 자신에게 가장 알맞는 것을 골랐을까요?

이야기 듣기
따라 말하기

Next, she sat on three chairs.

The third was just right, but it broke.

Then she tried three beds.

She lay on the right bed and fell asleep.

Then the bears came home and saw her!

Goldilocks woke up, got scared, and ran away fast!

1 단어로 본문 쓰기

Goldilocks and the Three Bears

단어들을 읽고, 주어진 문장을 써 보아요!

wood

☑ 숲 ☐ 밀림

Goldilocks walked into a house in the woods.

→

골디락스는 숲속의 집으로 걸어 들어갔다.

bowl

☐ 병 ☐ 그릇

She saw three bowls of porridge.

→

그녀는 죽 세 그릇을 보았다.

taste

☐ 냄새 맡다 ☐ 맛보다

She tasted the first one. "Too hot!" she said.

→

그녀는 첫 번째 것을 맛봤다. "너무 뜨거워!" 그녀는 말했다. (say의 과거는 said)

second

☐ 첫 번째 ☐ 두 번째

She tasted the second one. "Too cold!" she said.

→

그녀는 두 번째 것을 맛봤다. "너무 차가워!" 그녀는 말했다.

third

☐ 두 번째 ☐ 세 번째

She tasted the third one. "Just right!" she said.

→

그녀는 세 번째 것을 맛봤다. "딱 맞아!" 그녀는 말했다.

sit on

☐ ~에 앉다 ☐ ~에 서다

Next, she sat on three chairs.

➜

다음으로, 그녀는 세 의자에 앉았다. (sit의 과거는 sat)

break

☐ 부러지다 ☐ 고쳐지다

The third was just right, but it broke.

➜

세 번째는 딱 맞았지만 그것은 부러졌다. (break의 과거는 broke)

lie

☐ 걷다 ☐ 눕다

She lay on the right bed and fell asleep.

➜

그녀는 딱 맞는 침대에 누웠고 잠들었다. (lie의 과거는 lay)

wake up

☐ 깨다 ☐ 자다

Goldilocks woke up.

➜

골디락스는 깼다. (wake의 과거는 woke)

scared

☐ 행복한 ☐ 겁먹은

Goldilocks woke up, got scared, and ran away fast!

➜

골디락스는 깨어나 겁먹고, 빠르게 달아났다!

2 문장 연결하기

Goldilocks and the Three Bears

문장을 연결하여 이야기를 다시 읽어요!

① Goldilocks walked •	• three bowls of porridge.
② She saw •	• "Too cold!" she said.
③ She tasted the first one. •	• "Too hot!" she said.
④ She tasted the second one. •	• into a house in the woods.
⑤ She tasted the third one. •	• "Just right!" she said.

① 골디락스는 숲속의 집으로 걸어 들어갔다. ② 그녀는 죽 세 그릇을 보았다. ③ 그녀는 첫 번째 것을 맛봤다. "너무 뜨거워!" 그녀는 말했다. ④ 그녀는 두 번째 것을 맛봤다. "너무 차가워!" 그녀는 말했다. ⑤ 그녀는 세 번째 것을 맛봤다. "딱 맞아!" 그녀는 말했다.

⑥ Next, she sat •	• home and saw her!
⑦ The third was •	• on three chairs.
⑧ Then she tried three beds. She lay •	• got scared, and ran away fast!
⑨ Then the bears came •	• on the right bed and fell asleep.
⑩ Goldilocks woke up, •	• just right, but it broke.

⑥ 다음으로, 그녀는 세 의자에 앉았다. ⑦ 세 번째 의자가 딱 맞았지만 그것은 부러졌다. ⑧ 그녀는 세 침대를 시도해 봤다. 그녀는 딱 맞는 침대에 누웠고 잠들었다. ⑨ 그러고 나서 곰들이 집에 왔고 그녀를 보았다! ⑩ 골디락스는 깨어나 겁먹고, 빠르게 달아났다!

3
이야기 완성하기

Goldilocks and the Three Bears

이야기를 직접 써 보아요!

①

②

③

④

⑤

⑥

⑦

⑧

⑨

⑩

월
일

DAY
3

Jack and the Beanstalk

Jack was a poor boy.

He traded his cow for magic beans.

His mom was upset and threw the beans outside.

The next day, a giant beanstalk grew!

Jack climbed up the beanstalk and found a giant's castle.

“흥미진진한 모험의 세계로!”

잭이 엄마의 말을 듣지 않은 건 잘못이지만,
잭과 함께 용기있게 모험해 볼까요?

이야기 듣기
따라 말하기

Inside, he saw a goose laying golden eggs.
Jack took the goose, but the giant chased him.
Jack climbed down the beanstalk very fast.
When he reached the ground, he cut the beanstalk.
The giant fell, and Jack and his mom lived happily ever after.

1 단어로 본문 쓰기

Jack and the Beanstalk

단어들을 읽고, 주어진 문장을 써 보아요!

trade

☑ 교환하다 ☐ 주고 가다

He traded his cow for magic beans.

→

그는 자신의 소를 마법 콩으로 교환했다.

throw

☐ 던지다 ☐ 심다

His mom was upset and threw the beans outside.

→

그의 엄마는 화를 냈고, 그 콩들을 밖에 던졌다. (throw의 과거는 threw)

beanstalk

☐ 콩 ☐ 콩나무

The next day, a giant beanstalk grew!

→

다음 날, 커다란 콩나무가 자랐다! (grow의 과거는 grew)

climb up

☐ 올라가다 ☐ 내려가다

Jack climbed up the beanstalk.

→

잭은 콩나무 위로 올라갔다.

castle

☐ 집 ☐ 성

Jack climbed up the beanstalk and found a giant's castle.

→

잭은 콩나무 위로 올라가 거인의 성을 발견했다. (find의 과거는 found)

lay

☐ 낳다 ☐ 쌓다

Inside, he saw a goose laying golden eggs.

➜

안에서, 그는 거위가 황금알을 낳는 것을 보았다.

chase

☐ 이기다 ☐ 쫓다

Jack took the goose, but the giant chased him.

➜

잭은 거위를 붙잡았지만, 거인이 그를 쫓았다. (take의 과거는 took)

climb down

☐ 오르다 ☐ 내려가다

Jack climbed down the beanstalk very fast.

➜

잭은 매우 빠르게 콩나무를 내려갔다.

reach

☐ 도착하다 ☐ 출발하다

When he reached the ground, he cut the beanstalk.

➜

그는 땅에 도착했을 때 콩나무를 잘랐다. (cut의 과거는 cut)

ever after

☐ 이전에 ☐ 그 후에

The giant fell, and Jack and his mom lived happily ever after.

➜

거인은 떨어졌고, 잭과 엄마는 그 후로 행복하게 살았다. (fall의 과거는 fell)

2 문장 연결하기

Jack and the Beanstalk

문장을 연결하여 이야기를 다시 읽어요!

① Jack was •	• his cow for magic beans.
② He traded •	• a giant beanstalk grew!
③ His mom was upset •	• a poor boy.
④ The next day, •	• and threw the beans outside.
⑤ Jack climbed up •	• the beanstalk and found a giant's castle.

① 잭은 가난한 소년이었다. ② 그는 자신의 소를 마법 콩으로 교환했다. ③ 그의 엄마는 화를 냈고, 그 콩들을 밖에 던졌다. ④ 다음 날, 커다란 콩나무가 자랐다! ⑤ 잭은 콩나무 위로 올라가 거인의 성을 발견했다.

⑥ Inside, he saw •	• the goose, but the giant chased him.
⑦ Jack took •	• the beanstalk very fast.
⑧ Jack climbed down •	• a goose laying golden eggs.
⑨ When he reached the ground, •	• and Jack and his mom lived happily ever after.
⑩ The giant fell, •	• he cut the beanstalk.

⑥ 안에서, 그는 거위가 황금알을 낳는 것을 보았다. ⑦ 잭은 거위를 붙잡았지만, 거인이 그를 쫓았다. ⑧ 잭은 매우 빠르게 콩나무를 내려갔다. ⑨ 그는 땅에 도착했을 때 콩나무를 잘랐다. ⑩ 거인은 떨어졌고, 잭과 엄마는 그 후로 행복하게 살았다.

3 이야기 완성하기

Jack and the Beanstalk

이야기를 직접 써 보아요!

①

②

③

④

⑤

⑥

⑦

⑧

⑨

⑩

월

일

DAY 4

The Wolf and the Seven Little Goats

The wolf wanted to eat the seven little goats.

He knocked on their door and pretended to be their mother, "Let me in!"

The smart little goats asked, "Show us your paw!"

The wolf painted his paws white and fooled them.

He got inside the house! The wolf ate the goats.

“절대로 문을 열지 마!”

부모님이 안 계실 때 낯선 사람이
문을 두드리면 어떻게 해야 할까요?

이야기 듣기
따라 말하기

When the mother goat came home, she found the wolf sleeping under a tree.

His stomach was big because the goats were inside!

She cut his stomach open, freed her kids, and filled his belly with stones.

When the wolf woke up, he fell into the river and was gone forever.

The Wolf and the Seven Little Goats

단어들을 읽고, 주어진 문장을 써 보아요!

goat

☑ 염소 ☐ 늑대

The wolf wanted to eat the seven little goats.

→

늑대는 일곱 마리 아기 염소들을 잡아먹고 싶었다.

pretend

☐ 말하다 ☐ 흉내 내다

He pretended to be their mother, "Let me in!"

→

그는 엄마처럼 "나를 들여보내 주렴!" 하고 흉내 냈다.

paw

☐ 다리 ☐ 손, 발

The smart little goats asked, "Show us your paw!"

→

그 똑똑한 아기 염소들은 "당신의 손을 우리에게 보여 주세요!"라고 요청했다.

fool

☐ 속이다 ☐ 웃기다

The wolf painted his paws white and fooled them.

→

늑대는 자신의 손을 하얗게 칠하고 그들을 속였다.

get inside

☐ ~밖에 있다 ☐ ~안에 들어가다

He got inside the house!

→

그는 집 안에 들어갔다! (get의 과거는 got)

under

☐ ~위에 ☐ ~아래에

She found the wolf sleeping under a tree.

➔

그녀는 나무 아래에서 자고 있는 늑대를 발견했다.

stomach

☐ 등 ☐ 배

His stomach was big because the goats were inside!

➔

그의 배는 염소들이 안에 있기 때문에 너무 컸다!

free

☐ 잡다 ☐ 풀어 주다

She cut his stomach open, and freed her kids.

➔

그녀는 그의 배를 잘라 열고 그녀의 아이들을 풀어 주었다.

fill

☐ 채우다 ☐ 비우다

She filled his belly with stones.

➔

그녀는 돌로 그의 배를 채웠다.

be gone

☐ 사라지다 ☐ 나타나다

He fell into the river and was gone forever.

➔

그는 강에 빠져서 영원히 사라졌다.

2 문장 연결하기

The Wolf and the Seven Little Goats

문장을 연결하여 이야기를 다시 읽어요!

① The wolf wanted •	• "Show us your paw!"
② He knocked on their door •	• to eat the seven little goats.
③ The smart little goats asked, •	• his paws white and fooled them.
④ The wolf painted •	• the house! The wolf ate the goats.
⑤ He got inside •	• and pretended to be their mother, "Let me in!"

① 늑대는 일곱 마리 아기 염소들을 잡아먹고 싶었다. ② 그는 문을 두드리며 엄마처럼 "나를 들여보내 주렴!" 하고 흉내 냈다. ③ 그 똑똑한 아기 염소들은 "당신의 손을 우리에게 보여 주세요!"라고 요청했다. ④ 늑대는 자신의 손을 하얗게 칠하고 그들을 속였다. ⑤ 그는 집 안에 들어갔다! 늑대는 염소들을 먹어 버렸다.

⑥ When the mother goat came home, •	• he fell into the river and was gone forever.
⑦ His stomach was big •	• because the goats were inside!
⑧ She cut his stomach open, •	• freed her kids, and filled his belly with stones.
⑨ When the wolf woke up, •	• she found the wolf sleeping under a tree.

⑥ 엄마 염소가 집으로 왔을 때, 그녀는 나무 아래에서 자고 있는 늑대를 발견했다. ⑦ 그의 배는 염소들이 안에 있기 때문에 너무 컸다! ⑧ 그녀는 그의 배를 잘라 열고 그녀의 아이들을 풀어 주고, 돌로 그의 배를 채웠다. ⑨ 늑대가 깨어났을 때, 그는 강에 빠져서 영원히 사라졌다.

3 이야기 완성하기

The Wolf and the Seven Little Goats

이야기를 직접 써 보아요!

①

②

③

④

⑤

⑥

⑦

⑧

⑨

월
일

DAY 5

The Happy Prince

The Happy Prince stood high on a tall pole.

He was a shiny statue with gold and jewels.

One day, a little bird flew to him.

The bird saw tears on the Prince's face.

The Prince was sad because people in the city were poor and hungry.

"함께하는 나눔의 기쁨!"

이웃을 위해 눈물 흘리고, 자신이 가진 것을
아낌없이 나누는 마음은 보석보다 빛나요!

이야기 듣기
따라 말하기

The Prince asked the bird to help.

The bird took gold and jewels from the statue and gave them to the poor people.

The bird flew to many places to help.

The Prince became less shiny, but he was happy.

The bird stayed with the Prince until the very end.

1 단어로 본문 쓰기

The Happy Prince

단어들을 읽고, 주어진 문장을 써 보아요!

high

☑ 높이 ☐ 낮게

The Happy Prince stood high on a tall pole.

➔

행복한 왕자는 큰 기둥 위에 높이 있었다. (stand의 과거는 stood)

statue

☐ 대표 ☐ 동상

He was a shiny statue with gold and jewels.

➔

그는 황금과 보석으로 반짝이는 동상이었다.

fly

☐ 날다 ☐ 뛰다

One day, a little bird flew to him.

➔

어느 날, 작은 새가 그에게 날아왔다. (fly의 과거는 flew)

tear

☐ 빗물 ☐ 눈물

The bird saw tears on the Prince's face.

➔

새는 왕자의 얼굴에서 눈물을 보았다. (see의 과거는 saw)

city

☐ 도시 ☐ 시골

The Prince was sad because people in the city were poor and hungry.

➔

왕자는 도시 사람들이 가난하고 배고팠기 때문에 슬펐다.

help

☐ 돕다 ☐ 주다

The Prince asked the bird to help.

➡

왕자는 새에게 도와 달라고 요청했다.

give

☐ 주다 ☐ 받다

The bird gave gold and jewels to the poor people.

➡

새는 황금과 보석을 가난한 사람들에게 주었다. (give의 과거는 gave)

place

☐ 시간 ☐ 장소

The bird flew to many places to help.

➡

새는 돕기 위해 많은 장소로 날아갔다.

shiny

☐ 빛나는 ☐ 허름한

The Prince became less shiny.

➡

왕자는 덜 빛나게 되었다. (become의 과거는 became)

stay

☐ 떠나다 ☐ 머무르다

The bird stayed with the Prince until the very end.

➡

새는 마지막까지 왕자와 함께 머물렀다.

2 문장 연결하기

The Happy Prince

문장을 연결하여 이야기를 다시 읽어요!

① The Happy Prince stood	flew to him.
② He was	tears on the Prince's face.
③ One day, a little bird	high on a tall pole.
④ The bird saw	a shiny statue with gold and jewels.
⑤ The Prince was sad	because people in the city were poor and hungry.

① 행복한 왕자는 큰 기둥 위에 높이 있었다. ② 그는 황금과 보석으로 반짝이는 동상이었다. ③ 어느 날, 작은 새가 그에게 날아왔다. ④ 새는 왕자의 얼굴에서 눈물을 보았다. ⑤ 왕자는 도시 사람들이 가난하고 배고팠기 때문에 슬펐다.

⑥ The Prince asked	to many places to help.
⑦ The bird took gold and jewels from the	the bird to help.
⑧ The bird flew	with the Prince until the very end.
⑨ The Prince became less shiny,	but he was happy.
⑩ The bird stayed	statue and gave them to the poor people.

⑥ 왕자는 새에게 도와 달라고 요청했다. ⑦ 새는 동상에서 황금과 보석을 가져와서 가난한 사람들에게 주었다. ⑧ 새는 돕기 위해 많은 장소로 날아갔다. ⑨ 왕자는 덜 빛나게 되었지만, 그는 행복했다. ⑩ 새는 마지막까지 왕자와 함께 머물렀다.

The Happy Prince

이야기를 직접 써 보아요!

①

②

③

④

⑤

⑥

⑦

⑧

⑨

⑩

월
일
DAY 6

The Bremen Town Musicians

A donkey, a dog, a cat, and a rooster ran away from their homes.

They wanted to go to Bremen to sing songs.

On their way, they saw a little house.

The tallest donkey peeked inside the house.

Some robbers were eating food.

"힘을 합하면 무서울 게 없지!"

새로운 도전을 시작할 때 마음이 맞는 친구들과
힘을 모은다면 든든하겠죠?

이야기 듣기
따라 말하기

The donkey said, "Let's scare them!"

The donkey stood by the window and cried, "Hee-haw!"

The dog barked, "Woof, woof!"

The cat hissed, "Hisssss!"

The rooster crowed, "Cock-a-doodle-doo!"

The animals drove out the robbers and found a place to sleep.

The Bremen Town Musicians

단어들을 읽고, 주어진 문장을 써 보아요!

rooster

☑ 수탉 ☐ 암탉

A donkey, a dog, a cat, and a rooster ran away from their homes.

➔

당나귀, 개, 고양이와 수탉은 자신들의 집에서 도망쳤다.

sing

☐ 춤추다 ☐ 노래하다

They wanted to go to Bremen to sing songs.

➔

그들은 노래하기 위해서 브레멘에 가기를 원했다.

on (one)'s way

☐ 나중에 ☐ 도중에

On their way, they saw a little house.

➔

도중에 그들은 작은 집을 보았다.

peek

☐ 엿보다 ☐ 엿듣다

The tallest donkey peeked inside the house.

➔

가장 키가 큰 당나귀가 집 안을 엿봤다.

robber

☐ 강도 ☐ 경찰

Some robbers were eating food.

➔

몇몇 강도들이 음식을 먹고 있었다. (are의 과거는 were)

scare

☐ 기쁘게 하다 ☐ 놀라게 하다

The donkey said, "Let's scare them!"

➔

당나귀가 "그들을 놀라게 하자!"라고 말했다.

bark

☐ 짖다 ☐ 노래하다

The dog barked, "Woof, woof!"

➔

개가 "멍,멍!" 짖었다.

hiss

☐ 소리를 듣다 ☐ 쉿 소리를 내다

The cat hissed, "Hisssss!"

➔

고양이는 "쉬쉬!" 쉿 소리를 냈다.

crow

☐ 울다 ☐ 안다

The rooster crowed, "Cock-a-doodle-doo!"

➔

수탉은 "꼬끼오!" 울었다.

drive out

☐ 운전하다 ☐ 쫓아내다

They drove out the robbers and found a place to sleep.

➔

그들은 강도들을 쫓아내고 잘 곳을 찾았다. (drive의 과거는 drove)

2 문장 연결하기

The Bremen Town Musicians

문장을 연결하여 이야기를 다시 읽어요!

① A donkey, a dog, a cat, and a rooster •	• a little house.
② They wanted •	• to go to Bremen to sing songs.
③ On their way, they saw •	• ran away from their homes.
④ The tallest donkey peeked •	• inside the house.
⑤ Some robbers were •	• eating food.

① 당나귀, 개, 고양이와 수탉은 자신들의 집에서 도망쳤다. ② 그들은 노래하기 위해서 브레멘에 가기를 원했다.
③ 도중에 그들은 작은 집을 보았다. ④ 가장 키가 큰 당나귀가 집 안을 엿봤다. ⑤ 몇몇 강도들이 음식을 먹고 있었다.

⑥ The donkey said, •	• "Cock-a-doodle-doo!"
⑦ The donkey stood •	• "Let's scare them!"
⑧ The dog barked, •	• the robbers and found a place to sleep.
⑨ The rooster crowed, •	• by the window and cried, "Hee-haw!"
⑩ The animals drove out •	• "Woof, woof!" The cat hissed, "Hissss!"

⑥ 당나귀가 "그들을 놀라게 하자!"라고 말했다. ⑦ 당나귀는 창가에 서서 "히잉!" 울었다. ⑧ 개가 "멍, 멍!" 짖었다.
고양이는 "쉬쉬!" 쉿 소리를 냈다. ⑨ 수탉은 "꼬끼오!" 울었다. ⑩ 동물들은 강도들을 쫓아내고 잘 곳을 찾았다.

3 이야기 완성하기

The Bremen Town Musicians

이야기를 직접 써 보아요!

①

②

③

④

⑤

⑥

⑦

⑧

⑨

⑩

월
일
DAY 7

The Emperor's New Clothes

The emperor put on his new "clothes" and walked outside.

Everyone saw him in his underwear.

A little boy shouted, "The emperor isn't wearing clothes!"

The crowd started to laugh.

The emperor felt very silly.

“뽐내려는 마음? 흐려지는 눈!”

뽐내려는 욕심에 사로잡히면

바로 앞에 있는 거짓을 보지 못할 수 있어요.

이야기 듣기

따라 말하기

His face turned as red as a tomato.

He looked down. Oh no! He was fooled!

There were no fancy clothes at all!

But the emperor pretended nothing was wrong.

He kept walking, and he tried to act like it didn’t matter.

The Emperor's New Clothes

단어들을 읽고, 주어진 문장을 써 보아요!

emperor

☑ 황제 ☐ 황비

The emperor walked outside.

➔

황제는 밖으로 걸어 나갔다.

put on

☐ 입다 ☐ 벗다

The emperor put on his new "clothes".

➔

황제는 그의 새 "옷"을 입었다. (put의 과거는 put)

underwear

☐ 겉옷 ☐ 속옷

Everyone saw him in his underwear.

➔

모든 사람들이 속옷만 입은 그를 보았다.

clothes

☐ 옷 ☐ 외투

A little boy shouted, "The emperor isn't wearing clothes!"

➔

작은 소년이 "황제가 옷을 입고 있지 않아요!"라고 소리쳤다.

crowd

☐ 아이들 ☐ 군중

The crowd started to laugh.

➔

군중이 비웃기 시작했다.

turn

☐ 멈추다 ☐ 변하다

His face turned as red as a tomato.

➜

그의 얼굴은 토마토만큼 빨갛게 변했다.

be fooled

☐ 사기당하다 ☐ 거짓말하다

He looked down. Oh no! He was fooled!

➜

그는 아래를 봤다. 앗, 안 돼! 그는 사기당했다!

fancy

☐ 비싼 ☐ 멋진

There were no fancy clothes at all!

➜

멋진 옷이 전혀 없었다!

wrong

☐ 옳은 ☐ 잘못된

The emperor pretended nothing was wrong.

➜

황제는 아무것도 잘못된 것이 없는 척했다.

act like

☐ ~처럼 보이다 ☐ ~처럼 행동하다

He tried to act like it didn't matter.

➜

그는 문제가 없다는 것처럼 행동했다. (try의 과거는 tried)

2 문장 연결하기

The Emperor's New Clothes

문장을 연결하여 이야기를 다시 읽어요!

① The emperor put on •	• him in his underwear.
② Everyone saw •	• his new "clothes" and walked outside.
③ A little boy shouted, •	• to laugh.
④ The crowd started •	• "The emperor isn't wearing clothes!"
⑤ The emperor felt •	• very silly.

① 황제는 그의 새 "옷"을 입고 밖으로 걸어 나갔다. ② 모든 사람들이 속옷만 입은 그를 보았다. ③ 작은 소년이 "황제가 옷을 입고 있지 않아요!"라고 소리쳤다. ④ 군중이 비웃기 시작했다. ⑤ 황제는 너무 바보처럼 느껴졌다.

⑥ His face turned •	• as red as a tomato.
⑦ He looked down. •	• nothing was wrong.
⑧ There were no •	• fancy clothes at all!
⑨ But the emperor pretended •	• Oh no! He was fooled!
⑩ He kept walking, •	• and he tried to act like it didn't matter.

⑥ 그의 얼굴은 토마토만큼 빨갛게 변했다. ⑦ 그는 아래를 봤다. 앗, 안 돼! 그는 사기당했다! ⑧ 멋진 옷이 전혀 없었다! ⑨ 황제는 아무것도 잘못된 것이 없는 척했다. ⑩ 그는 계속 걸었고, 그는 문제가 없다는 것처럼 행동했다.

The Emperor's New Clothes

이야기를 직접 써 보아요!

①

②

③

④

⑤

⑥

⑦

⑧

⑨

⑩

월

일

DAY 8

Rapunzel

Rapunzel lived in a tall tower with no door.

One day, a prince heard a witch call out,

"Rapunzel, Rapunzel, let down your hair."

Rapunzel let down her long hair, and the witch climbed up.

When the witch left, the prince called out,

"Rapunzel, Rapunzel, let down your hair!"

“진정한 사랑으로 극복!”

사랑하는 사람 또는 진정으로 하고 싶은 일은
우리에게 커다란 용기를 주지요.

이야기 듣기
따라 말하기

The prince fell in love with Rapunzel.

But their meetings were discovered by the witch.

The witch was so mad, she cut off Rapunzel’s hair.

And the prince lost his sight and wandered through the forest.

Finally, Rapunzel found him and her tears healed his wounds.

1 단어로 본문 쓰기

Rapunzel

단어들을 읽고, 주어진 문장을 써 보아요!

tower

☑ 탑 ☐ 초가집

Rapunzel lived in a tall tower with no door.

→

라푼젤은 문이 없는 높은 탑에 살았다.

witch

☐ 마녀 ☐ 마법사

A prince heard a witch called out, "Rapunzel, Rapunzel, let down your hair!"

→

왕자는 마녀가 "라푼젤, 라푼젤, 네 머리를 내려다오!"라고 소리치는 것을 들었다. (hear의 과거는 heard)

let down

☐ 올리다 ☐ 내리다

Rapunzel let down her long hair.

→

라푼젤은 그녀의 긴 머리를 내렸다.

leave

☐ 떠나다 ☐ 멈추다

When the witch left, the prince called out, "Rapunzel, Rapunzel, let down your hair!"

→

마녀가 떠났을 때, 왕자는 "라푼젤, 라푼젤, 네 머리를 내려다오!"라고 소리쳤다. (leave의 과거는 left)

fall in love

☐ 사랑이 깨지다 ☐ 사랑에 빠지다

The prince fell in love with Rapunzel.

→

왕자는 라푼젤과 사랑에 빠졌다. (fall의 과거는 fell)

meeting

☐ 이별 ☐ 만남

Their meetings were discovered by the witch.

➔

그들의 만남은 마녀에게 들켰다.

cut off

☐ 잘라 버리다 ☐ 부러뜨리다

The witch was so mad, she cut off Rapunzel's hair.

➔

마녀는 너무 화가 나서 라푼젤의 머리를 잘라 버렸다. (cut의 과거는 cut)

sight

☐ 시력 ☐ 청력

The prince lost his sight.

➔

왕자는 그의 시력을 잃었다. (lose의 과거는 lost)

wander

☐ 머무르다 ☐ 헤매다

The prince wandered through the forest.

➔

왕자는 숲을 헤맸다.

wound

☐ 상처 ☐ 흔적

Her tears healed his wounds.

➔

그녀의 눈물이 그의 상처를 치유했다.

2 문장 연결하기

Rapunzel

문장을 연결하여 이야기를 다시 읽어요!

① Rapunzel lived		her long hair, and the witch climbed up.
② One day, a prince heard a witch		"Rapunzel, Rapunzel, let down your hair!"
③ Rapunzel let down		in a tall tower with no door.
④ When the witch left, the prince called out,		call out, "Rapunzel, Rapunzel,let down your hair."

① 라푼젤은 문이 없는 높은 탑에 살았다. ② 어느 날, 왕자는 마녀가 "라푼젤, 라푼젤, 네 머리를 내려다오!"라고 소리치는 것을 들었다. ③ 라푼젤은 그녀의 긴 머리를 내렸고 마녀는 올라갔다. ④ 마녀가 떠났을 때, 왕자는 "라푼젤, 라푼젤, 네 머리를 내려다오!"라고 소리쳤다.

⑤ The prince fell		him and her tears healed his wounds.
⑥ But their meetings were		in love with Rapunzel.
		discovered by the witch.
⑦ The witch was so mad,		she cut off Rapunzel's hair.
⑧ And the prince lost		
⑨ Finally, Rapunzel found		his sight and wandered through the forest.

⑤ 왕자는 라푼젤과 사랑에 빠졌다. ⑥ 하지만 그들의 만남은 마녀에게 들켰다. ⑦ 마녀는 너무 화가 나서 라푼젤의 머리를 잘라 버렸다. ⑧ 그리고 왕자는 그의 시력을 잃고 숲을 헤맸다. ⑨ 마침내 라푼젤이 그를 발견했고, 그녀의 눈물이 그의 상처를 치유했다.

3 이야기 완성하기

Rapunzel

이야기를 직접 써 보아요!

①

②

③

④

⑤

⑥

⑦

⑧

⑨

월

일

DAY 9

The Little Mermaid

Far away into the deep sea lived a little mermaid.

The Little Mermaid saw a prince on a big ship.

She liked him and watched from the water.

Then, a big storm came, and the prince fell into the sea!

The Little Mermaid swam fast and saved him.

“항상 보답받을 수는 없지만….”

착한 행동을 했다고 언제나 보답받을 순 없어요.
그래도 옳은 일을 해야겠죠?

이야기 듣기
따라 말하기

The prince was asleep, so he didn’t know she saved him.

She hid behind a rock and watched.

Another person found the prince and helped him wake up.

The Little Mermaid felt happy he was safe, but also a little sad he didn’t know her.

The Little Mermaid

단어들을 읽고, 주어진 문장을 써 보아요!

far away

☑ 멀리 떨어진 ☐ 멀리 놓친

Far away into the deep sea lived a little mermaid.

➔

멀리 떨어진 깊은 바닷속 인어 공주가 살았다.

ship

☐ 배 ☐ 파도

The Little Mermaid saw a prince on a big ship.

➔

인어 공주는 큰 배 위에 있는 왕자를 보았다.

watch

☐ 몰래 보다 ☐ 지켜보다

She liked him and watched from the water.

➔

그녀는 그를 좋아했고 바다에서 지켜봤다.

storm

☐ 폭풍우 ☐ 파도

A big storm came, and the prince fell into the sea!

➔

큰 폭풍우가 왔고 왕자는 바다에 빠졌다! (come의 과거는 came)

save

☐ 정하다 ☐ 구하다

The Little Mermaid swam fast and saved him.

➔

인어 공주는 빠르게 헤엄쳐서 그를 구했다. (swim의 과거는 swam)

asleep

☐ 잠이 든 ☐ 깨어나

The prince was asleep, so he didn't know she saved him.

➜

왕자는 잠들어서 그는 그녀가 자신을 구한 것을 알지 못했다.

hide

☐ 도망가다 ☐ 숨다

She hid behind a rock and watched.

➜

그녀는 바위 뒤에 숨어 지켜봤다. (hide의 과거는 hid)

another

☐ 다른 ☐ 같은

Another person found the prince.

➜

다른 사람이 왕자를 발견했다. (find의 과거는 found)

safe

☐ 위험한 ☐ 안전한

The Little Mermaid felt happy he was safe.

➜

인어 공주는 그가 안전해서 기쁨을 느꼈다. (feel의 과거는 felt)

also

☐ 또한 ☐ 그와 달리

But she also felt a little sad he didn't know her.

➜

하지만 그녀는 또한 그가 자신을 몰라서 조금 슬펐다.

2 문장 연결하기

The Little Mermaid

문장을 연결하여 이야기를 다시 읽어요!

① Far away into the deep sea •	• and the prince fell into the sea!
② The Little Mermaid saw •	• a prince on a big ship.
③ She liked him •	• lived a little mermaid.
④ Then, a big storm came, •	• and watched from the water.
⑤ The Little Mermaid swam fast •	• and saved him.

① 멀리 떨어진 깊은 바닷속 인어 공주가 살았다. ② 인어 공주는 큰 배 위에 있는 왕자를 보았다. ③ 그녀는 그를 좋아했고 바다에서 지켜봤다. ④ 그때, 큰 폭풍우가 왔고 왕자는 바다에 빠졌다! ⑤ 인어 공주는 빠르게 헤엄쳐서 그를 구했다.

⑥ The prince was asleep, •	• so he didn't know she saved him.
⑦ She hid •	• the prince and helped him wake up.
⑧ Another person found •	• behind a rock and watched.
⑨ The Little Mermaid felt happy •	• he was safe, but also a little sad he didn't know her.

⑥ 왕자는 잠들어서 그는 그녀가 자신을 구한 것을 알지 못했다. ⑦ 그녀는 바위 뒤에 숨어 지켜봤다. ⑧ 다른 사람이 왕자를 발견하고 그가 깨어날 수 있게 도왔다. ⑨ 인어 공주는 그가 안전해서 기쁨을 느꼈지만 그녀는 또한 그가 자신을 몰라서 조금 슬펐다.

3
이야기
완성하기

The Little Mermaid

이야기를 직접 써 보아요!

①

②

③

④

⑤

⑥

⑦

⑧

⑨

월
일

DAY 10

The Three Little Pigs

The three little pigs built their houses.

The first pig made his house with straw.

The second pig made his house with sticks.

The wolf came and said, “I’ll blow your house down!”

And he did! The pigs ran to the third pig’s house.

"기초부터 튼튼하게!"

어떤 일을 시작할 때는 가장 기본적인 것부터
철저히 준비하는 게 중요해요.

- 이야기 듣기
- 따라 말하기

The third pig made his house with bricks.

The wolf huffed and puffed, but he couldn't blow it down.

The wolf climbed the chimney to get in.

But the pigs had a hot fire waiting!

The wolf ran away, and the three little pigs were safe.

1 단어로 본문 쓰기

The Three Little Pigs

단어들을 읽고, 주어진 문장을 써 보아요!

build

☑ 짓다 ☐ 부수다

The three little pigs built their houses.

➡

아기 돼지 세 마리는 자신들의 집을 지었다. (build의 과거는 built)

straw

☐ 짚 ☐ 나뭇가지

The first pig made his house with straw.

➡

첫 번째 돼지는 짚으로 자신의 집을 만들었다. (make의 과거는 made)

stick

☐ 짚 ☐ 나뭇가지

The second pig made his house with sticks.

➡

두 번째 돼지는 나뭇가지로 자신의 집을 만들었다.

blow

☐ 눕다 ☐ 불다

The wolf came and said, "I'll blow your house down!"

➡

늑대가 와서 "내가 너희 집을 불어 버리겠다!"라고 말했다.

brick

☐ 벽돌 ☐ 나뭇가지

The third pig made his house with bricks.

→

세 번째 돼지는 벽돌로 자신의 집을 만들었다.

huff and puff

☐ 맛을 보다 ☐ 입김을 크게 내뿜다

The wolf huffed and puffed.

→

늑대는 입김을 크게 내뿜었다.

chimney

☐ 굴뚝 ☐ 지붕

The wolf climbed the chimney to get in.

→

늑대는 들어가기 위해서 굴뚝을 올라갔다.

fire

☐ 물 ☐ 불

But the pigs had a hot fire waiting!

→

하지만 돼지들은 뜨거운 불을 준비해 두고 있었다! (have의 과거는 had)

2 문장 연결하기

The Three Little Pigs

문장을 연결하여 이야기를 다시 읽어요!

① The three little pigs built •
② The first pig made •
③ The second pig made •
④ The wolf came and said, •
⑤ And he did! •

• "I'll blow your house down!"
• their houses.
• his house with straw.
• his house with sticks.
• The pigs ran to the third pig's house.

① 아기 돼지 세 마리는 자신들의 집을 지었다. ② 첫 번째 돼지는 짚으로 자신의 집을 만들었다. ③ 두 번째 돼지는 나뭇가지로 자신의 집을 만들었다. ④ 늑대는 와서 "내가 너희 집을 불어 버리겠다!"라고 말했다. ⑤ 그가 그렇게 했다! 돼지들은 셋째 돼지 집으로 도망갔다.

⑥ The third pig made •
⑦ The wolf huffed and puffed, •
⑧ The wolf climbed •
⑨ But the pigs had •
⑩ The wolf ran away, •

• the chimney to get in.
• a hot fire waiting!
• his house with bricks.
• but he couldn't blow it down.
• and the three little pigs were safe.

⑥ 세 번째 돼지는 벽돌로 자신의 집을 만들었다. ⑦ 늑대는 입김을 크게 내뿜었지만 그는 그것을 불어 버릴 수 없었다. ⑧ 늑대는 들어가기 위해서 굴뚝을 올라갔다. ⑨ 하지만 돼지들은 뜨거운 불을 준비해 두고 있었다! ⑩ 늑대는 도망갔고, 아기 돼지 삼 형제는 안전했다.

3 이야기 완성하기

The Three Little Pigs

이야기를 직접 써 보아요!

①

②

③

④

⑤

⑥

⑦

⑧

⑨

⑩

월

일

DAY 11

Thumbelina

Thumbelina was a tiny girl, no bigger than a thumb.

One day, a big frog took her to the river.

The frog said, “You will marry my son!”

Thumbelina was sad and sat on a lily pad.

Suddenly, some little fish came to help her.

They cut the stem of the lily pad, and it floated away.

"손 내밀어 준 친구들이 있기에!"

마치 자신의 일처럼 도와준 동물 친구들 덕분에
엄지 공주는 집으로 돌아올 수 있었지요.

이야기 듣기
따라 말하기

Thumbelina was free!

She floated far, far away on the river.

Birds sang to her as she traveled.

A butterfly even pulled her lily pad for a while.

Thumbelina made new friends and found her home,

a beautiful flower.

1 단어로 본문 쓰기

Thumbelina

단어들을 읽고, 주어진 문장을 써 보아요!

tiny

☑ 아주 작은 ☐ 아주 큰

Thumbelina was a tiny girl.

→

엄지 공주는 아주 작은 소녀였다.

thumb

☐ 검지 ☐ 엄지

Thumbelina was a tiny girl, no bigger than a thumb.

→

엄지 공주는 엄지보다 크지 않은 아주 작은 소녀였다.

river

☐ 강 ☐ 바다

One day, a big frog took her to the river.

→

어느 날, 큰 개구리가 그녀를 강으로 데려갔다. (take의 과거는 took)

marry

☐ 결혼하다 ☐ 헤어지다

The frog said, "You will marry my son!"

→

개구리는 "너는 내 아들과 결혼할 것이다!"라고 말했다.

lily pad

☐ 수련 잎 ☐ 수련 줄기

Thumbelina was sad and sat on a lily pad.

→

엄지 공주는 슬퍼하며 수련 잎에 앉았다. (sit의 과거는 sat)

suddenly

☐ 마침내 ☐ 갑자기

Suddenly, some little fish came to help her.

➜

갑자기, 어떤 작은 물고기들이 그녀를 돕기 위해 왔다.

stem

☐ 줄기 ☐ 뿌리

They cut the stem of the lily pad.

➜

그것들은 수련 잎의 줄기를 잘랐다.

float

☐ 잠기다 ☐ 떠다니다

She floated far, far away on the river.

➜

그녀는 강 위에서 멀리멀리 떠다녔다.

travel

☐ 여행하다 ☐ 일하다

Birds sang to her as she traveled.

➜

새들은 그녀가 여행하는 동안 노래해 주었다. (sing의 과거는 sang)

pull

☐ 밀다 ☐ 당기다

A butterfly even pulled her lily pad for a while.

➜

나비가 한동안 그녀의 수련 잎을 당겨 주기도 했다.

2 문장 연결하기

Thumbelina

문장을 연결하여 이야기를 다시 읽어요!

① Thumbelina was •
② One day, a big frog took •
③ The frog said, •
④ Thumbelina was sad •
⑤ Suddenly, some little fish •

• her to the river.
• and sat on a lily pad.
• a tiny girl, no bigger than a thumb.
• "You will marry my son!"
• came to help her.

① 엄지 공주는 엄지보다 크지 않은 아주 작은 소녀였다. ② 어느 날, 큰 개구리가 그녀를 강으로 데려갔다.
③ 개구리는 "너는 내 아들과 결혼할 것이다!"라고 말했다. ④ 엄지 공주는 슬퍼하며 수련 잎에 앉았다.
⑤ 갑자기, 어떤 작은 물고기들이 그녀를 돕기 위해 왔다.

⑥ They cut •
⑦ Thumbelina was free! She floated •
⑧ Birds sang •
⑨ A butterfly even pulled •
⑩ Thumbelina made •

• the stem of the lily pad, and it floated away.
• new friends and found her home, a beautiful flower.
• to her as she traveled.
• far, far away on the river.
• her lily pad for a while.

⑥ 그것들은 수련 잎의 줄기를 자르고 그것은 떠내려갔다. ⑦ 엄지 공주는 풀려났다! 그녀는 강 위에서 멀리멀리 떠다녔다. ⑧ 새들은 그녀가 여행하는 동안 노래해 주었다. ⑨ 나비가 한동안 그녀의 수련 잎을 당겨 주기도 했다.
⑩ 엄지공주는 새로운 친구를 만들고 그녀의 집, 아름다운 꽃을 찾아냈다.

3 이야기 완성하기

Thumbelina

이야기를 직접 써 보아요!

①

②

③

④

⑤

⑥

⑦

⑧

⑨

⑩

월

일

DAY 12

Hansel and Gretel

Hansel and Gretel got lost in the woods.

They found a house made of candy!

The walls were cookies, and the roof was cake.

A witch came out and said, "Come inside, children."

But the mean witch locked Hansel in a cage and made Gretel cook food.

"꾀를 내어 문제 해결!"

위기의 순간에 용기와 함께
현명한 지혜가 있다면 이겨 낼 수 있어요.

이야기 듣기
따라 말하기

She planned to eat Hansel, but Gretel was clever.

With a trick, Gretel pushed her into the hot oven.

The witch was gone! Hansel and Gretel ran out of the house.

They found their way back home to their mom and dad.

They were safe and happy again!

1 단어로 본문 쓰기

Hansel and Gretel

단어들을 읽고, 주어진 문장을 써 보아요!

get lost

☑ 길을 잃다 ☐ 길을 찾다

Hansel and Gretel got lost in the woods.

➔

헨젤과 그레텔은 숲속에서 길을 잃었다. (get의 과거는 got)

made of

☐ ~로 만들어진 ☐ ~로 쓰여진

They found a house made of candy!

➔

그들은 사탕으로 만들어진 집을 발견했다! (find의 과거는 found)

roof

☐ 벽 ☐ 지붕

The walls were cookies, and the roof was cake.

➔

벽들은 쿠키이고 지붕은 케이크였다.

children

☐ (한)아이 ☐ (여러)아이들

A witch came out and said, "Come inside, children."

➔

마녀는 나와서 "안으로 들어와라, 얘들아."라고 말했다.

lock

☐ 풀어 주다 ☐ 가두다

But the mean witch locked Hansel in a cage.

➔

하지만 못된 마녀는 헨젤을 우리 안에 가두었다.

clever

☐ 현명한 ☐ 용감한

Gretel was clever.

그레텔은 현명했다.

trick

☐ 속다 ☐ 속이다

She tricked the witch.

그녀는 마녀를 속였다.

push

☐ 밀다 ☐ 당기다

Gretel pushed her into the hot oven.

그레텔은 뜨거운 오븐 안으로 그녀를 밀었다.

run out of

☐ ~에서 도망치다 ☐ ~로 가다

Hansel and Gretel ran out of the house.

헨젤과 그레텔은 그 집에서 도망쳤다. (run의 과거는 ran)

way back home

☐ 집에서 나가는 길
☐ 집으로 되돌아가는 길

They found their way back home to their mom and dad.

그들은 자신들의 엄마와 아빠 집으로 되돌아가는 길을 찾았다.

2 문장 연결하기

Hansel and Gretel

문장을 연결하여 이야기를 다시 읽어요!

① Hansel and Gretel got •	• and said, "Come inside, children."
② They found •	• lost in the woods.
③ The walls were •	• a house made of candy!
④ A witch came out •	• cookies, and the roof was cake.
⑤ But the mean witch locked •	• Hansel in a cage and made Gretel cook food.

① 헨젤과 그레텔은 숲속에서 길을 잃었다. ② 그들은 사탕으로 만들어진 집을 발견했다! ③ 벽들은 쿠키이고 지붕은 케이크였다. ④ 마녀는 나와서 "안으로 들어와라, 얘들아."라고 말했다. ⑤ 하지만 못된 마녀는 헨젤을 우리 안에 가두고 그레텔에게 음식을 요리하게 했다.

⑥ She planned to eat Hansel, •	• and happy again!
⑦ With a trick, •	• but Gretel was clever.
⑧ The witch was gone! •	• Hansel and Gretel ran out of the house.
⑨ They found their way •	• Gretel pushed her into the hot oven.
⑩ They were safe •	• back home to their mom and dad.

⑥ 그녀는 헨젤을 먹으려고 계획했지만, 그레텔은 현명했다. ⑦ 속임수를 써서 그레텔은 뜨거운 오븐 안으로 그녀를 밀었다. ⑧ 마녀는 사라졌다! 헨젤과 그레텔은 그 집에서 도망쳤다. ⑨ 그들은 자신들의 엄마와 아빠 집으로 되돌아가는 길을 찾았다. ⑩ 그들은 안전했고 다시 행복해졌다!

3 이야기 완성하기

Hansel and Gretel

이야기를 직접 써 보아요!

①

②

③

④

⑤

⑥

⑦

⑧

⑨

⑩

월
일

DAY 13

Cinderella

Cinderella was sad because she couldn't go to the ball.

Her stepsisters went, but she stayed home.

Then, a kind fairy came! The fairy waved her magic wand.

Cinderella got a shiny dress and glass shoes.

She also got a pumpkin carriage.

“행운은 어떤 사람에게 찾아올까?”

친절과 다정함으로 다른 사람들을 대하면
내게도 좋은 일이 생겨요!

이야기 듣기
따라 말하기

At the ball, Cinderella danced with the prince.

But when the clock struck twelve, she had to leave.

She ran away and lost one glass shoe.

The prince found it and looked for her.

When he found her, the shoe fit perfectly!

They lived happily ever after.

1 단어로 본문 쓰기

Cinderella

단어들을 읽고, 주어진 문장을 써 보아요!

ball

☑ 무도회 ☐ 결혼식

Cinderella was sad because she couldn't go to the ball.

➜

신데렐라는 무도회에 갈 수 없었기 때문에 슬펐다.

stepsister

☐ 의붓형제 ☐ 의붓자매

Her stepsisters went, but she stayed home.

➜

그녀의 의붓자매들은 갔지만 그녀는 집에 머물렀다. (go의 과거는 went)

fairy

☐ 요정 ☐ 마녀

Then, a kind fairy came!

➜

그때, 친절한 요정이 왔다! (come의 과거는 came)

wand

☐ 지팡이 ☐ 젓가락

The fairy waved her magic wand.

➜

요정은 그녀의 마법 지팡이를 흔들었다.

pumpkin

☐ 호박 ☐ 감자

She also got a pumpkin carriage.

➜

그녀는 또한 호박 마차도 받았다.

strike

☐ 치다 ☐ 열다

When the clock struck twelve, she had to leave.

➜

시계가 12시를 치자 그녀는 떠나야 했다. (strike의 과거는 struck)

glass

☐ 유리 ☐ 플라스틱

She ran away and lost one glass shoe.

➜

그녀는 도망가다 유리 구두 한 짝을 잃어버렸다. (lose의 과거는 lost)

look for

☐ ~을 보다 ☐ ~을 찾다

The prince found it and looked for her.

➜

왕자는 그것을 발견하고 그녀를 찾았다.

fit

☐ 안 맞다 ☐ 꼭 맞다

When he found her, the shoe fit perfectly!

➜

그가 그녀를 찾았을 때 신발은 완벽하게 꼭 맞았다! (fit의 과거는 fit)

happily

☐ 행복한 ☐ 행복하게

They lived happily ever after.

➜

그들은 이후로 행복하게 살았다.

2 문장 연결하기

Cinderella

문장을 연결하여 이야기를 다시 읽어요!

① Cinderella was sad •
② Her stepsisters went, •
③ Then, a kind fairy came! •
④ Cinderella got •
⑤ She also got •

• but she stayed home.
• because she couldn't go to the ball.
• a pumpkin carriage.
• a shiny dress and glass shoes.
• The fairy waved her magic wand.

① 신데렐라는 무도회에 갈 수 없었기 때문에 슬펐다. ② 그녀의 의붓자매들은 갔지만 그녀는 집에 머물렀다. ③ 그때, 친절한 요정이 왔다! 요정은 그녀의 마법 지팡이를 흔들었다. ④ 신데렐라는 빛나는 드레스와 유리 구두를 받았다. ⑤ 그녀는 또한 호박 마차도 받았다.

⑥ At the ball, Cinderella •
⑦ But when the clock struck twelve, •
⑧ She ran away •
⑨ The prince found it •
⑩ When he found her, the shoe fit perfectly! •

• she had to leave.
• and lost one glass shoe.
• danced with the prince.
• They lived happily ever after.
• and looked for her.

⑥ 무도회에서 신데렐라는 왕자와 춤을 췄다. ⑦ 시계가 12시를 치자 그녀는 떠나야 했다. ⑧ 그녀는 도망가다 유리 구두 한 짝을 잃어버렸다. ⑨ 왕자는 그것을 발견하고 그녀를 찾았다. ⑩ 그가 그녀를 찾았을 때 신발은 완벽하게 꼭 맞았다! 그들은 이후로 행복하게 살았다.

3 이야기 완성하기

Cinderella

이야기를 직접 써 보아요!

①

②

③

④

⑤

⑥

⑦

⑧

⑨

⑩

월
일
DAY 14

Aladdin and the Magic Lamp

Aladdin found a magic lamp in a dark cave.

When he rubbed the lamp, a big genie came out!

The friendly genie said, “I will grant your wishes.”

Aladdin wished for food, gold, and a big palace.

The genie made all his wishes come true!

"소원을 말해 봐!"

소원을 들어주는 신비한 마법 램프를 상상하며
내 마음속 소원도 떠올려 볼까요?

- 이야기 듣기
- 따라 말하기

One day, a bad man stole the lamp.

Aladdin made a clever plan. He went to the man's house and pretended to trade something.

While the man wasn't looking, Aladdin quickly took the lamp back.

He rubbed the lamp, and the genie appeared to help him.

Aladdin and the Magic Lamp

단어들을 읽고, 주어진 문장을 써 보아요!

cave

☑ 동굴 ☐ 절벽

Aladdin found a magic lamp in a dark cave.

➔

알라딘은 어두운 동굴에서 마법 램프를 발견했다.

rub

☐ 씻다 ☐ 문지르다

When he rubbed the lamp, a big genie came out!

➔

그가 램프를 문질렀을 때 거대한 지니가 나왔다! (rub의 과거는 rubbed)

grant

☐ 반대하다 ☐ 들어주다

I will grant your wishes.

➔

내가 네 소원을 들어주겠다.

palace

☐ 궁전 ☐ 기와집

Aladdin wished for food, gold, and a big palace.

➔

알라딘은 음식, 황금 그리고 큰 궁전을 소원으로 빌었다.

wish

☐ 진실 ☐ 소원

The genie made all his wishes come true!

➔

지니는 그의 모든 소원을 이루어지게 만들었다! (make의 과거는 made)

steal

☐ 훔치다 ☐ 던지다

One day, a bad man stole the lamp.

➡

어느 날, 나쁜 남자가 램프를 훔쳤다. (steal의 과거는 stole)

plan

☐ 시간 ☐ 계획

Aladdin made a clever plan.

➡

알라딘은 현명한 계획을 짰다.

trade

☐ 교환하다 ☐ 보내다

He pretended to trade something.

➡

그는 무언가를 교환하는 척했다.

quickly

☐ 느리게 ☐ 빠르게

While the man wasn't looking, Aladdin quickly took the lamp back.

➡

그 남자가 보고 있지 않는 동안 알라딘은 빠르게 램프를 다시 가져왔다.

appear

☐ 나타나다 ☐ 사라지다

He rubbed the lamp, and the genie appeared to help him.

➡

그는 램프를 문질렀고 지니가 나타나 그를 도와주었다.

2 문장 연결하기

Aladdin and the Magic Lamp

문장을 연결하여 이야기를 다시 읽어요!

① Aladdin found •	• a big genie came out!
② When he rubbed the lamp, •	• a magic lamp in a dark cave.
③ The friendly genie said, •	• all his wishes come true!
④ Aladdin wished •	• "I will grant your wishes."
⑤ The genie made •	• for food, gold, and a big palace.

① 알라딘은 어두운 동굴에서 마법 램프를 발견했다. ② 그가 램프를 문질렀을 때 거대한 지니가 나왔다! ③ 친근한 지니가 "내가 네 소원을 들어줄게."라고 말했다. ④ 알라딘은 음식, 황금 그리고 큰 궁전을 소원으로 빌었다. ⑤ 지니는 그의 모든 소원을 이루어지게 만들었다!

⑥ One day, a bad man stole •	• a clever plan.
⑦ Aladdin made •	• the lamp.
⑧ He went to the man's house •	• and the genie appeared to help him.
⑨ While the man wasn't looking, •	• and pretended to trade something.
⑩ He rubbed the lamp, •	• Aladdin quickly took the lamp back.

⑥ 어느 날, 나쁜 남자가 램프를 훔쳤다. ⑦ 알라딘은 현명한 계획을 짰다. ⑧ 그는 남자의 집으로 가서 무언가를 교환하는 척했다. ⑨ 그 남자가 보고 있지 않는 동안 알라딘은 빠르게 램프를 다시 가져왔다. ⑩ 그는 램프를 문질렀고 지니가 나타나 그를 도와주었다.

3 이야기 완성하기

Aladdin and the Magic Lamp

이야기를 직접 써 보아요!

①

②

③

④

⑤

⑥

⑦

⑧

⑨

⑩

월
일

DAY 15

Little Red Riding Hood

Little Red Riding Hood went to visit her grandma.

She carried a basket with yummy food.

On the way, she met a big, scary wolf.

The wolf asked, “Where are you going?”

She said, “To grandma’s house!”

"한눈팔면 위험해."

심부름 갈 때는 한눈을 팔면 안 되고,
낯선 사람을 쉽게 믿어서도 안 되겠죠?

이야기 듣기
따라 말하기

The wolf ran ahead and tricked grandma.
When Little Red Riding Hood arrived, the wolf dressed like grandma and hid in her bed.
She said, "Grandma, your ears are so big!"
The wolf said, "To hear you better!"
She said, "Grandma, your teeth are sharp!"
The wolf jumped up, "To eat you better!"

Little Red Riding Hood

단어들을 읽고, 주어진 문장을 써 보아요!

visit

☑ 방문하다 ☐ 대접하다

Little Red Riding Hood went to visit her grandma.

➔

빨간 모자는 그녀의 할머니를 방문하러 갔다.

basket

☐ 주머니 ☐ 바구니

She carried a basket with yummy food.

➔

그녀는 맛있는 음식이 든 바구니를 들고 갔다. (carry의 과거는 carried)

scary

☐ 웃기는 ☐ 무서운

On the way, she met a big, scary wolf.

➔

가는 길에 그녀는 크고 무서운 늑대를 만났다. (meet의 과거는 met)

grandma

☐ 할머니 ☐ 할아버지

She said, "To grandma's house!"

➔

그녀는 "할머니 집에요!"라고 말했다.

ahead

☐ 뒤에 ☐ 앞서

The wolf ran ahead and tricked grandma.

➔

늑대는 앞서 달려가서 할머니를 속였다.

arrive

☐ 출발하다 ☐ 도착하다

When Little Red Riding Hood arrived, the wolf hid in her bed.

➔

빨간 모자가 도착했을 때, 늑대는 할머니의 침대에 숨었다. (hide의 과거는 hid)

dress

☐ 옷을 입다 ☐ 옷을 벗다

When Little Red Riding Hood arrived, the wolf dressed like grandma.

➔

빨간 모자가 도착했을 때, 늑대는 할머니처럼 옷을 입었다.

sharp

☐ 뭉툭한 ☐ 뾰족한

She said, "Grandma, your teeth are sharp!"

➔

그녀는 "할머니, 할머니 이가 뾰족해요!"라고 말했다.

2 문장 연결하기

Little Red Riding Hood

문장을 연결하여 이야기를 다시 읽어요!

① Little Red Riding Hood went •	• a big, scary wolf.
② She carried •	• a basket with yummy food.
③ On the way, she met •	• to visit her grandma.
④ The wolf asked, •	• "To grandma's house!"
⑤ She said, •	• "Where are you going?"

① 빨간 모자는 그녀의 할머니를 방문하러 갔다. ② 그녀는 맛있는 음식이 든 바구니를 들고 갔다. ③ 가는 길에 그녀는 크고 무서운 늑대를 만났다. ④ 늑대는 "너는 어디에 가니?"라고 물었다. ⑤ 그녀는 "할머니 집에요!"라고 말했다.

⑥ The wolf ran •	• "To eat you better!"
⑦ When Little Red Riding Hood arrived, •	• The wolf said, "To hear you better!"
⑧ She said, "Grandma, your ears are so big!" •	• ahead and tricked grandma.
⑨ She said, •	• "Grandma, your teeth are sharp!"
⑩ The wolf jumped up, •	• the wolf dressed like grandma and hid in her bed.

⑥ 늑대는 앞서 달려가서 할머니를 속였다. ⑦ 빨간 모자가 도착했을 때, 늑대는 할머니처럼 옷을 입고 할머니의 침대에 숨었다. ⑧ 그녀는 "할머니, 할머니 귀가 너무 커요!"라고 말했다. 늑대는 "네 소리를 잘 듣기 위해서지!"라고 말했다. ⑨ 그녀는 "할머니, 할머니 이가 뾰족해요!"라고 말했다. ⑩ 늑대는 "너를 잘 잡아먹기 위해서지!"라며 뛰어올랐다.

3 이야기 완성하기

Little Red Riding Hood

이야기를 직접 써 보아요!

①

②

③

④

⑤

⑥

⑦

⑧

⑨

⑩

월

일

DAY 16

Puss in Boots

Puss in Boots had a smart plan to help his owner.

He went to the king and said, “My master is a rich man!”

First, he ran ahead and told the farmers in the fields, “When the king comes, say, ‘This land belongs to my master.’”

The farmers agreed because they were scared of Puss, the cat.

"임기응변의 천재!"

장화 신은 고양이가 어떤 꾀를 내어
주인을 도와줬는지 들어 볼까요?

이야기 듣기
따라 말하기

Next, Puss went to a giant's castle.

He tricked the giant by asking, "Can you turn into a mouse?"

The giant turned into a mouse, and Puss ate him.

When the king visited the castle, he believed it belonged to the master.

The king was so impressed that he let his daughter marry Puss's master.

1 단어로 본문 쓰기

Puss in Boots

단어들을 읽고, 주어진 문장을 써 보아요!

owner

☑ 주인 ☐ 하인

Puss in Boots had a smart plan to help his owner.

➔

장화 신은 고양이는 그의 주인을 도울 똑똑한 계획이 있었다.

master

☐ 주인 ☐ 농부

He said, "My master is a rich man!"

➔

그는 "나의 주인은 부유한 남자입니다!"라고 말했다.

field

☐ 들판 ☐ 잔디

First, he told the farmers in the fields.

➔

먼저, 그는 들판에 있는 농부들에게 말했다. (tell의 과거는 told)

belong

☐ 팔다 ☐ 속하다

Say, 'This land belongs to my master.'

➔

'이 땅은 내 주인에게 속하는 것이다.'라고 말해라.

agree

☐ 동의하다 ☐ 반대하다

The farmers agreed because they were scared of Puss, the cat.

➔

농부들은 그 고양이가 무서웠기 때문에 동의했다.

castle

☐ 성 ☐ 탑

Next, Puss went to a giant's castle.

➔

다음에, 고양이는 거인의 성에 갔다. (go의 과거는 went)

turn into

☐ 돌다 ☐ 변하다

Can you turn into a tiny mouse?

➔

당신은 작은 쥐로 변할 수 있나요?

believe

☐ 믿다 ☐ 말하다

He believed it belonged to Puss's master.

➔

그는 그것이 고양이 주인의 것이라고 믿었다.

impressed

☐ 놀라는 ☐ 인상 깊은

The king was so impressed.

➔

왕은 너무 인상 깊었다.

let

☐ ~하게 하다 ☐ ~하지 않다

He let his daughter marry Puss's master.

➔

그는 자신의 딸이 고양이의 주인과 결혼하게 했다. (let의 과거는 let)

2 문장 연결하기

Puss in Boots 문장을 연결하여 이야기를 다시 읽어요!

① Puss in Boots had •	• "My master is a rich man!"
② He went to the king and said, •	• a smart plan to help his owner.
③ First, he ran ahead and •	• because they were scared of Puss, the cat.
④ "When the king comes, •	• told farmers in the fields,
⑤ The farmers agreed •	• say, 'This land belongs to my master.'"

① 장화 신은 고양이는 그의 주인을 도울 똑똑한 계획이 있었다. ② 그는 왕에게 가서 "나의 주인은 부유한 남자입니다!" 라고 말했다. ③ 먼저, 그는 달려가서 들판에 있는 농부들에게 말했다. ④ "왕이 오면 '이 땅은 내 주인에게 속하는 것이다.' 라고 말해라." ⑤ 농부들은 그 고양이가 무서웠기 때문에 동의했다.

⑥ Next, Puss went •	• he believed it belonged to Puss's master.
⑦ He tricked the giant •	• to a giant's castle.
⑧ The giant turned •	• into a mouse, and Puss ate him.
⑨ When the king visited the castle, •	• that he let his daughter marry Puss's master.
⑩ The king was so impressed •	• by asking, "Can you turn into a tiny mouse?"

⑥ 다음에, 고양이는 거인의 성에 갔다. ⑦ 그는 거인을 "당신은 작은 쥐로 변할 수 있나요?"라고 물으며 속였다.
⑧ 거인은 쥐로 변했고 고양이가 잡아먹었다. ⑨ 왕이 성을 방문했을 때, 그는 그 성이 고양이 주인의 것이라고 믿었다.
⑩ 왕은 너무 인상 깊어서 자신의 딸이 고양이의 주인과 결혼하게 했다.

3 이야기 완성하기

Puss in Boots

이야기를 직접 써 보아요!

①

②

③

④

⑤

⑥

⑦

⑧

⑨

⑩

월
일

DAY 17

The Princess and the Pea

One rainy night, a princess knocked on the castle door.

She was wet and cold from the storm.

She said, “I am a princess. Can I stay here tonight?”

The queen wanted to know if she was a real princess.

She put a tiny pea under twenty soft mattresses.

"예민해도 괜찮아."

엉뚱하고 이상한 점이 때로는
개성과 특별함이 될 수 있지 않을까요?

이야기 듣기
따라 말하기

The princess went to bed but couldn't sleep.

In the morning, the queen asked, "Did you sleep well?"

The princess said, "No! Something hard was under the bed. It hurt me all night!"

The queen smiled and said, "You are a real princess! Only a true princess can feel a pea like that."

1 단어로 본문 쓰기

The Princess and the Pea

단어들을 읽고, 주어진 문장을 써 보아요!

rainy

☑ 비 오는 ☐ 눈 오는

One rainy night, a princess knocked on the castle door.

➡

어느 비 오는 밤, 공주는 성의 문을 두드렸다.

wet

☐ 건조한 ☐ 축축한

She was wet and cold from the storm.

➡

그녀는 폭풍우로 젖고 추웠다.

stay

☐ 머무르다 ☐ 떠나다

I am a princess. Can I stay here tonight?

➡

나는 공주입니다. 제가 오늘 밤에 여기에 머물러도 될까요?

real

☐ 가짜의 ☐ 진짜의

The queen wanted to know if she was a real princess.

➡

왕비는 그녀가 진짜 공주인지 알고 싶었다.

pea

☐ 콩 ☐ 팥

She put a tiny pea under twenty soft mattresses.

➡

그녀는 20개의 부드러운 매트리스 아래에 작은 콩을 넣어 두었다. (put의 과거는 put)

hard

☐ 딱딱한 ☐ 부드러운

Something hard was under the bed.

➡

딱딱한 어떤 것이 침대 아래에 있었다.

hurt

☐ 치료하다 ☐ 아프게 하다

It hurt me all night!

➡

그것이 밤새 나를 아프게 했다!

feel

☐ 느끼다 ☐ 맛보다

Only a true princess can feel a pea like that.

➡

진짜 공주만이 콩 같은 것을 느낄 수 있다.

2 문장 연결하기

The Princess and the Pea

문장을 연결하여 이야기를 다시 읽어요!

① One rainy night, a princess knocked •	• wet and cold from the storm.
② She was •	• on the castle door.
③ She said, •	• if she was a real princess.
④ The queen wanted to know •	• under twenty soft mattresses.
⑤ She put a tiny pea •	• "I am a princess. Can I stay here tonight?"

① 어느 비 오는 밤, 공주는 성의 문을 두드렸다. ② 그녀는 폭풍우로 젖고 추웠다. ③ 그녀는 "나는 공주입니다. 제가 오늘 밤에 여기에 머물러도 될까요?"라고 말했다. ④ 왕비는 그녀가 진짜 공주인지 알고 싶었다. ⑤ 그녀는 20개의 부드러운 매트리스 아래에 작은 콩을 넣어 두었다.

⑥ The princess went •	• "Did you sleep well?"
⑦ In the morning, the queen asked, •	• "You are a real princess!"
⑧ The princess said, •	• to bed but couldn't sleep.
⑨ The queen smiled and said, •	• a pea like that."
⑩ "Only a true princess can feel •	• "No! Something hard was under the bed. It hurt me all night!"

⑥ 공주는 자러 갔지만 잘 수 없었다. ⑦ 아침에 왕비가 "그대는 잘 잤느냐?"라고 물었다. ⑧ 공주는 "아니요! 딱딱한 어떤 것이 침대 아래에 있었어요. 그것이 밤새 나를 아프게 했어요!"라고 말했다. ⑨ 왕비는 웃으며 말했다. "그대는 진짜 공주이다!" ⑩ "진짜 공주만이 콩 같은 것을 느낄 수 있지."

3
이야기
완성하기

The Princess and the Pea

이야기를 직접 써 보아요!

①

②

③

④

⑤

⑥

⑦

⑧

⑨

⑩

월
일
DAY 18

The Little Match Girl

The Little Match Girl was so cold and alone.

She had no shoes and no warm clothes.

It was snowing, and her hands were freezing.

She lit a match to warm herself up.

When the match burned, she saw a cozy fire and dreamed of a warm home.

"도움의 손길이 필요한 이웃을 생각해요."

성냥팔이 소녀처럼 안타까운 이웃을 위해
온정을 베풀 줄 알아야겠죠?

이야기 듣기
따라 말하기

She lit another match and saw a lovely meal.

But when the match burned out, the food was gone, too.

Then she lit one last match.

She saw her kind grandmother.

The girl smiled because she felt safe and loved.

1 단어로 본문 쓰기

The Little Match Girl

단어들을 읽고, 주어진 문장을 써 보아요!

alone

☑ 혼자 ☐ 함께

The Little Match Girl was so cold and alone.

성냥팔이 소녀는 너무 춥고 혼자였다.

warm

☐ 차가운 ☐ 따뜻한

She had no shoes and no warm clothes.

그녀는 신발도 따뜻한 옷도 없었다.

freezing

☐ 녹는 ☐ 얼어붙은

Her hands were freezing.

그녀의 손은 얼어붙었다.

warm up

☐ 따뜻해지다 ☐ 차가워지다

She lit a match to warm herself up.

그녀는 따뜻해지려고 성냥을 켰다. (light의 과거는 lit)

burn

☐ 불을 끄다 ☐ 타오르다

When the match burned, she saw a cozy fire.

➡

성냥이 타오르자 그녀는 아늑한 불을 보았다.

dream

☐ 꿈꾸다 ☐ 깨우다

She dreamed of a warm home.

➡

그녀는 따뜻한 집을 꿈꿨다.

light

☐ 불을 붙이다 ☐ 불이 꺼지다

She lit another match and saw a lovely meal.

➡

그녀는 다른 성냥에 불을 붙이고 사랑스러운 음식을 보았다. (light의 과거는 lit)

match

☐ 성냥 ☐ 장작

Then she lit one last match.

➡

그러고 나서 그녀는 마지막 성냥에 불을 붙였다.

2 문장 연결하기

The Little Match Girl

문장을 연결하여 이야기를 다시 읽어요!

① The Little Match Girl was •	• and no warm clothes.
② She had no shoes •	• so cold and alone.
③ It was snowing, •	• a match to warm herself up.
④ She lit •	• and her hands were freezing.
⑤ When the match burned, •	• she saw a cozy fire and dreamed of a warm home.

① 성냥팔이 소녀는 너무 춥고 혼자였다. ② 그녀는 신발도 따뜻한 옷도 없었다. ③ 눈이 내리고 있었고, 그녀의 손은 얼어붙었다. ④ 그녀는 따뜻해지려고 성냥을 켰다. ⑤ 성냥이 타오르자 그녀는 아늑한 불을 보았고 따뜻한 집을 꿈꿨다.

⑥ She lit •	• the food was gone, too.
⑦ But when the match burned out, •	• one last match.
⑧ Then she lit •	• another match and saw a lovely meal.
⑨ She saw •	• because she felt safe and loved.
⑩ The girl smiled •	• her kind grandmother.

⑥ 그녀는 다른 성냥에 불을 붙이고 사랑스러운 음식을 보았다. ⑦ 하지만 성냥이 다 탔을 때 음식도 사라졌다. ⑧ 그러고 나서 그녀는 마지막 성냥에 불을 붙였다. ⑨ 그녀는 자신의 친절한 할머니를 보았다. ⑩ 그 소녀는 자신이 안전하고 사랑받는 느낌을 받았기 때문에 미소 지었다.

3 이야기 완성하기

The Little Match Girl

이야기를 직접 써 보아요!

①

②

③

④

⑤

⑥

⑦

⑧

⑨

⑩

월

일

DAY 19

Snow White

Snow White had a kind heart and loved animals.

Her stepmother, the queen, was very jealous.

One day, the queen asked the mirror, “Mirror, Mirror, who’s the fairest of all?”

The mirror said, “Queen, you are fair. But Snow White is the fairest of all.”

"남과 비교하지 말기."

다른 사람과 나를 자꾸 비교하면
건강한 마음을 가지기 어려워요.

The queen wanted Snow White gone.

The wicked queen dressed like an old woman and gave her a poisoned apple.

Snow White took a bite and fell asleep.

A prince gave her a gentle kiss.

The magic spell broke! Snow White woke up and smiled.

1 단어로 본문 쓰기

Snow White

단어들을 읽고, 주어진 문장을 써 보아요!

heart

☑ 마음 ☐ 머리

Snow White had a kind heart.

➜

백설 공주는 친절한 마음을 가졌다.

jealous

☐ 정이 많은 ☐ 질투심이 많은

Her stepmother, the queen, was very jealous.

➜

그녀의 의붓어머니, 왕비는 무척 질투심이 많았다.

fairest

☐ 가장 예쁜 ☐ 가장 못생긴

Mirror, Mirror, who's the fairest of all?

➜

거울아, 거울아, 누가 가장 예쁘니?

wicked

☐ 사악한 ☐ 다정한

The wicked queen dressed like an old woman.

➜

사악한 왕비는 노파처럼 옷을 입었다.

poisoned

☐ 독이 든 ☐ 즙이 많은

The wicked queen gave her a poisoned apple.

➜

사악한 왕비는 그녀에게 독이 든 사과를 줬다. (give의 과거는 gave)

bite

☐ 한 번 ☐ 한 입

Snow White took a bite and fell asleep.

➜

백설 공주는 한 입을 먹고 잠들었다. (take의 과거는 took)

gentle

☐ 거친 ☐ 부드러운

A prince gave her a gentle kiss.

➜

왕자는 그녀에게 부드러운 키스를 했다.

break

☐ 생기다 ☐ 깨지다

The magic spell broke!

➜

마법 주문은 깨졌다! (break의 과거는 broke)

2 문장 연결하기

Snow White

문장을 연결하여 이야기를 다시 읽어요!

① Snow White had	very jealous.
② Her stepmother, the queen, was	a kind heart and loved animals.
③ One day, the queen asked the mirror,	"Queen, you are fair. But Snow White is the fairest of all."
④ The mirror said,	"Mirror, Mirror, who's the fairest of all?"

① 백설 공주는 친절한 마음을 가졌고 동물들을 사랑했다. ② 그녀의 의붓어머니, 왕비는 무척 질투심이 많았다.
③ 어느 날, 왕비는 거울에게 "거울아, 거울아, 누가 가장 예쁘니?"라고 물었다. ④ 거울은 "왕비님이 예뻐요.
하지만 백설 공주가 누구보다 가장 예뻐요."라고 말했다.

⑤ The queen wanted	Snow White gone.
⑥ The wicked queen dressed	a bite and fell asleep.
⑦ Snow White took	her a gentle kiss.
⑧ A prince gave	like an old woman and gave her a poisoned apple.
⑨ The magic spell broke!	Snow White woke up and smiled.

⑤ 왕비는 백설 공주가 사라지길 원했다. ⑥ 사악한 왕비는 노파처럼 옷을 입고 그녀에게 독이 든 사과를 줬다.
⑦ 백설 공주는 한 입을 먹고 잠들었다. ⑧ 왕자는 그녀에게 부드러운 키스를 했다. ⑨ 마법 주문은 깨졌다!
백설 공주는 일어나 미소 지었다.

3 이야기 완성하기

Snow White

이야기를 직접 써 보아요!

①

②

③

④

⑤

⑥

⑦

⑧

⑨

월
일

DAY 20

The Frog Prince

The princess dropped her golden ball into the pond.

Suddenly, a green frog hopped out and said,

“I can help you, but you must promise to be my friend.”

The princess said yes.

The frog jumped into the pond and brought her ball back.

“약속은 꼭 지키기!”

작은 개구리와의 약속일지라도
소중히 여길 줄 알아야겠죠?

☐ 이야기 듣기
☐ 따라 말하기

That evening, the frog came to the palace.

“You promised to be my friend,” he said.

The princess didn’t want to, but her father, the king, told her to keep her promise.

After a few days, something amazing happened.

The frog turned into a handsome prince!

He was under a spell, but her kindness broke it.

1 단어로 본문 쓰기

The Frog Prince

단어들을 읽고, 주어진 문장을 써 보아요!

drop

☑ 떨어뜨리다 ☐ 집어 들다

The princess dropped her golden ball into the pond.

➜

공주는 연못에 자신의 황금공을 떨어뜨렸다. (drop의 과거는 dropped)

hop

☐ 걷다 ☐ (껑충)뛰다

Suddenly, a green frog hopped out.

➜

갑자기, 초록색 개구리가 뛰어나왔다. (hop의 과거는 hopped)

promise

☐ 만나다 ☐ 약속하다

You must promise to be my friend.

➜

그대는 내 친구가 될 것을 약속해야 한다.

bring back

☐ 되찾다 ☐ 들고 가다

The frog brought her ball back.

➜

그 개구리는 그녀의 공을 되찾았다. (bring의 과거는 brought)

keep a promise

☐ 약속을 지키다 ☐ 약속을 어기다

The king told her to keep her promise.

➡

왕은 그녀에게 약속을 지키라고 말했다. (tell의 과거는 told)

amazing

☐ 대단한 ☐ 실망스러운

After a few days, something amazing happened.

➡

며칠 후에 대단한 일이 일어났다.

spell

☐ 온기 ☐ 마법

He was under a spell.

➡

그는 마법에 걸렸다.

kindness

☐ 친절함 ☐ 불친절함

Her kindness broke it.

➡

그녀의 친절함이 그것을 깨뜨렸다.

2 문장 연결하기

The Frog Prince

문장을 연결하여 이야기를 다시 읽어요!

① The princess dropped	•	• yes.
② Suddenly, a green frog hopped out and said,	•	• her golden ball into the pond.
③ The princess said	•	• and brought her ball back.
④ The frog jumped into the pond	•	• "I can help you, but you must promise to be my friend."
⑤ That evening, the frog	•	• came to the palace.

① 공주는 연못에 자신의 황금공을 떨어뜨렸다. ② 갑자기, 초록색 개구리가 뛰어나와 "내가 그대를 도울게요. 하지만 그대는 내 친구가 될 것을 약속해야 해요."라고 말했다. ③ 공주는 좋다고 말했다. ④ 그 개구리는 연못에 뛰어들어 그녀의 공을 되찾았다. ⑤ 그날 저녁, 개구리는 왕궁으로 왔다.

⑥ "You promised	•	• happened.
⑦ The princess didn't want to,	•	• to be my friend," he said.
⑧ After a few days, something amazing	•	• into a handsome prince!
⑨ The frog turned	•	• but her kindness broke it.
⑩ He was under a spell,	•	• but her father, the king, told her to keep her promise.

⑥ "그대는 내 친구가 되기로 약속했어요."라고 그가 말했다. ⑦ 공주는 원하지 않았지만 그녀의 아버지인 왕은 그녀에게 약속을 지키라고 말했다. ⑧ 며칠 후에 대단한 일이 일어났다. ⑨ 개구리가 잘생긴 왕자로 변했다! ⑩ 그는 마법에 걸렸지만 그녀의 친절함이 그것을 깨뜨렸다.

The Frog Prince

이야기를 직접 써 보아요!

①

②

③

④

⑤

⑥

⑦

⑧

⑨

⑩

Day 1 p.14

2 문장 연결하기 The Ugly Duckling 문장을 연결하여 이야기를 다시 읽어요!

① A mother duck had	mean to him, too.
② Two came out	gray and ugly.
③ The other came out	three ducklings.
④ The ducklings laughed	cute, fluffy, and yellow.
⑤ Even the mother duck was	and made fun of the ugly duckling.

① 엄마 오리에게는 세 마리의 오리 새끼가 있었다. ② 두 마리는 귀엽고 솜털로 뒤덮여 노랗게 나왔다. ③ 나머지 한 마리는 회색빛에 못생기게 나왔다. ④ 오리 새끼들은 그 미운 오리 새끼를 비웃고 놀렸다. ⑤ 엄마 오리조차도 그에게 심술궂었다.

⑥ The ugly duckling ran away	from his family.
⑦ One day, he saw	gray and ugly.
⑧ When the duckling walked to the pond,	a beautiful white swan.
⑨ He was no longer	he looked down and saw his reflection.
⑩ He was now	a pond with beautiful white birds.

⑥ 미운 오리 새끼는 그의 가족에게서 도망쳤다. ⑦ 어느 날, 그는 아름답고 하얀 새들이 있는 연못을 보았다. ⑧ 미운 오리 새끼가 연못으로 걸어갔을 때, 그는 아래를 보고 자신의 그림자를 보았다. ⑨ 그는 더 이상 회색빛도 못생기지도 않았다. ⑩ 그는 이제 아름답고 하얀 백조였다.

14

Day 2 p.20

2 문장 연결하기 Goldilocks and the Three Bears

문장을 연결하여 이야기를 다시 읽어요!

① Goldilocks walked	three bowls of porridge.
② She saw	"Too cold!" she said.
③ She tasted the first one.	"Too hot!" she said.
④ She tasted the second one.	into a house in the woods.
⑤ She tasted the third one.	"Just right!" she said.

① 골디락스는 숲속의 집으로 걸어 들어갔다. ② 그녀는 죽 세 그릇을 보았다. ③ 그녀는 첫 번째 것을 맛봤다. "너무 뜨거워!" 그녀는 말했다. ④ 그녀는 두 번째 것을 맛봤다. "너무 차가워!" 그녀는 말했다. ⑤ 그녀는 세 번째 것을 맛봤다. "딱 맞아!" 그녀는 말했다.

⑥ Next, she sat	home and saw her!
⑦ The third was	on three chairs.
⑧ Then she tried three beds. She lay	got scared, and ran away fast!
⑨ Then the bears came	on the right bed and fell asleep.
⑩ Goldilocks woke up,	just right, but it broke.

⑥ 다음으로, 그녀는 세 의자에 앉았다. ⑦ 세 번째 의자가 딱 맞았지만 그것은 부러졌다. ⑧ 그녀는 세 침대를 시도해 봤다. 그녀는 딱 맞는 침대에 누웠고 잠들었다. ⑨ 그러고 나서 곰들이 집에 왔고 그녀를 보았다! ⑩ 골디락스는 깨어나 겁먹고, 빠르게 달아났다!

20

Day 3 p.26

2 문장 연결하기 Jack and the Beanstalk 문장을 연결하여 이야기를 다시 읽어요!

① Jack was	his cow for magic beans.
② He traded	a giant beanstalk grew!
③ His mom was upset	a poor boy.
④ The next day,	and threw the beans outside.
⑤ Jack climbed up	the beanstalk and found a giant's castle.

① 잭은 가난한 소년이었다. ② 그는 자신의 소를 마법 콩으로 교환했다. ③ 그의 엄마는 화를 냈고, 그 콩들을 밖에 던졌다. ④ 다음 날, 커다란 콩나무가 자랐다! ⑤ 잭은 콩나무 위로 올라가 거인의 성을 발견했다.

⑥ Inside, he saw	the goose, but the giant chased him.
⑦ Jack took	the beanstalk very fast.
⑧ Jack climbed down	a goose laying golden eggs.
⑨ When he reached the ground,	and Jack and his mom lived happily ever after.
⑩ The giant fell,	he cut the beanstalk.

⑥ 안에서, 그는 거위가 황금알을 낳는 것을 보았다. ⑦ 잭은 거위를 붙잡았지만, 거인이 그를 쫓았다. ⑧ 잭은 매우 빠르게 콩나무를 내려갔다. ⑨ 그는 땅에 도착했을 때 콩나무를 잘랐다. ⑩ 거인은 떨어졌고, 잭과 엄마는 그 후로 행복하게 살았다.

26

Day 4 p.32

2 문장 연결하기 The Wolf and the Seven Little Goats

문장을 연결하여 이야기를 다시 읽어요!

① The wolf wanted	"Show us your paw!"
② He knocked on their door	to eat the seven little goats.
③ The smart little goats asked,	his paws white and fooled them.
④ The wolf painted	the house! The wolf ate the goats.
⑤ He got inside	and pretended to be their mother, "Let me in!"

① 늑대는 일곱 마리 아기 염소들을 잡아먹고 싶었다. ② 그는 문을 두드리며 엄마처럼 "나를 들여보내 주렴!" 하고 흉내 냈다. ③ 그 똑똑한 아기 염소들은 "당신의 손을 우리에게 보여 주세요!"라고 요청했다. ④ 늑대는 자신의 손을 하얗게 칠하고 그들을 속였다. ⑤ 그는 집 안에 들어갔다! 늑대는 염소들을 먹어 버렸다.

⑥ When the mother goat came home,	he fell into the river and was gone forever.
⑦ His stomach was big	because the goats were inside!
⑧ She cut his stomach open,	freed her kids, and filled his belly with stones.
⑨ When the wolf woke up,	she found the wolf sleeping under a tree.

⑥ 엄마 염소가 집으로 왔을 때, 그녀는 나무 아래에서 자고 있는 늑대를 발견했다. ⑦ 그의 배는 염소들이 안에 있기 때문에 너무 컸다! ⑧ 그녀는 그의 배를 잘라 열고 그녀의 아이들을 풀어 주고, 돌로 그의 배를 채웠다. ⑨ 늑대가 깨어났을 때, 그는 강에 빠져서 영원히 사라졌다.

32

Day 5 p.38

2 문장 연결하기

The Happy Prince 문장을 연결하여 이야기를 다시 읽어요!

① The Happy Prince stood	flew to him.
② He was	tears on the Prince's face.
③ One day, a little bird	high on a tall pole.
④ The bird saw	a shiny statue with gold and jewels.
⑤ The Prince was sad	because people in the city were poor and hungry.

① 행복한 왕자는 큰 기둥 위에 높이 있었다. ② 그는 황금과 보석으로 반짝이는 동상이었다. ③ 어느 날, 작은 새가 그에게 날아왔다. ④ 새는 왕자의 얼굴에서 눈물을 보았다. ⑤ 왕자는 도시 사람들이 가난하고 배고팠기 때문에 슬펐다.

⑥ The Prince asked	to many places to help.
⑦ The bird took gold and jewels from the	the bird to help.
⑧ The bird flew	with the Prince until the very end.
⑨ The Prince became less shiny,	but he was happy.
⑩ The bird stayed	statue and gave them to the poor people.

⑥ 왕자는 새에게 도와 달라고 요청했다. ⑦ 새는 동상에서 황금과 보석을 가져와서 가난한 사람들에게 주었다. ⑧ 새는 돕기 위해 많은 장소로 날아갔다. ⑨ 왕자는 덜 빛나게 되었지만, 그는 행복했다. ⑩ 새는 마지막까지 왕자와 함께 머물렀다.

38

Day 6 p.44

2 문장 연결하기

The Bremen Town Musicians

문장을 연결하여 이야기를 다시 읽어요!

① A donkey, a dog, a cat, and a rooster	a little house.
② They wanted	to go to Bremen to sing songs.
③ On their way, they saw	ran away from their homes.
④ The tallest donkey peeked	inside the house.
⑤ Some robbers were	eating food.

① 당나귀, 개, 고양이와 수탉은 자신들의 집에서 도망쳤다. ② 그들은 노래하기 위해서 브레멘에 가기를 원했다. ③ 도중에 그들은 작은 집을 보았다. ④ 가장 키가 큰 당나귀가 집 안을 엿봤다. ⑤ 몇몇 강도들이 음식을 먹고 있었다.

⑥ The donkey said,	"Cock-a-doodle-doo!"
⑦ The donkey stood	"Let's scare them!"
⑧ The dog barked,	the robbers and found a place to sleep.
⑨ The rooster crowed,	by the window and cried, "Hee-haw!"
⑩ The animals drove out	"Woof, woof!" The cat hissed, "Hissss!"

⑥ 당나귀가 "그들을 놀라게 하자!"라고 말했다. ⑦ 당나귀는 창가에 서서 "히잉!" 울었다. ⑧ 개가 "멍, 멍!" 짖었다. 고양이는 "쉬쉬!" 쉿 소리를 냈다. ⑨ 수탉은 "꼬끼오!" 울었다. ⑩ 동물들은 강도들을 쫓아내고 잘 곳을 찾았다.

44

Day 7 p.50

2 문장 연결하기

The Emperor's New Clothes

문장을 연결하여 이야기를 다시 읽어요!

① The emperor put on	him in his underwear.
② Everyone saw	his new "clothes" and walked outside.
③ A little boy shouted,	to laugh.
④ The crowd started	"The emperor isn't wearing clothes!"
⑤ The emperor felt	very silly.

① 황제는 그의 새 "옷"을 입고 밖으로 걸어 나갔다. ② 모든 사람들이 속옷만 입은 그를 보았다. ③ 작은 소년이 "황제가 옷을 입고 있지 않아요!"라고 소리쳤다. ④ 군중이 비웃기 시작했다. ⑤ 황제는 너무 바보처럼 느껴졌다.

⑥ His face turned	as red as a tomato.
⑦ He looked down.	nothing was wrong.
⑧ There were no	fancy clothes at all!
⑨ But the emperor pretended	Oh no! He was fooled!
⑩ He kept walking,	and he tried to act like it didn't matter.

⑥ 그의 얼굴은 토마토만큼 빨갛게 변했다. ⑦ 그는 아래를 봤다. 앗, 안 돼! 그는 사기당했다! ⑧ 멋진 옷이 전혀 없었다! ⑨ 황제는 아무것도 잘못된 것이 없는 척했다. ⑩ 그는 계속 걸었고, 그는 문제가 없다는 것처럼 행동했다.

50

Day 8 p.56

2 문장 연결하기

Rapunzel 문장을 연결하여 이야기를 다시 읽어요!

① Rapunzel lived	her long hair, and the witch climbed up.
② One day, a prince heard a witch	"Rapunzel, Rapunzel, let down your hair!"
③ Rapunzel let down	in a tall tower with no door.
④ When the witch left, the prince called out,	call out, "Rapunzel, Rapunzel,let down your hair."

① 라푼젤은 문이 없는 높은 탑에 살았다. ② 어느 날, 왕자는 마녀가 "라푼젤, 라푼젤, 네 머리를 내려다오!"라고 소리치는 것을 들었다. ③ 라푼젤은 그녀의 긴 머리를 내렸고 마녀는 올라갔다. ④ 마녀가 떠났을 때, 왕자는 "라푼젤, 라푼젤, 네 머리를 내려다오!"라고 소리쳤다.

⑤ The prince fell	him and her tears healed his wounds.
⑥ But their meetings were	in love with Rapunzel.
⑦ The witch was so mad,	discovered by the witch.
⑧ And the prince lost	she cut off Rapunzel's hair.
⑨ Finally, Rapunzel found	his sight and wandered through the forest.

⑤ 왕자는 라푼젤과 사랑에 빠졌다. ⑥ 하지만 그들의 만남은 마녀에게 들켰다. ⑦ 마녀는 너무 화가 나서 라푼젤의 머리를 잘라 버렸다. ⑧ 그리고 왕자는 그의 시력을 잃고 숲을 헤맸다. ⑨ 마침내 라푼젤이 그를 발견했고, 그녀의 눈물이 그의 상처를 치유했다.

56

Day 9 p.62

2 문장 연결하기 The Little Mermaid 문장을 연결하여 이야기를 다시 읽어요!

① Far away into the deep sea	and the prince fell into the sea!
② The Little Mermaid saw	a prince on a big ship.
③ She liked him	lived a little mermaid.
④ Then, a big storm came,	and watched from the water.
⑤ The Little Mermaid swam fast	and saved him.

① 멀리 떨어진 깊은 바닷속 인어 공주가 살았다. ② 인어 공주는 큰 배 위에 있는 왕자를 보았다. ③ 그녀는 그를 좋아했고 바다에서 지켜봤다. ④ 그때, 큰 폭풍우가 왔고 왕자는 바다에 빠졌다! ⑤ 인어 공주는 빠르게 헤엄쳐서 그를 구했다.

⑥ The prince was asleep,	so he didn't know she saved him.
⑦ She hid	the prince and helped him wake up.
⑧ Another person found	behind a rock and watched.
⑨ The Little Mermaid felt happy	he was safe, but also a little sad he didn't know her.

⑥ 왕자는 잠들어서 그는 그녀가 자신을 구한 것을 알지 못했다. ⑦ 그녀는 바위 뒤에 숨어 지켜봤다. ⑧ 다른 사람이 왕자를 발견하고 그가 깨어날 수 있게 도왔다. ⑨ 인어 공주는 그가 안전해서 기쁨을 느꼈지만 그녀는 또한 그가 자신을 몰라서 조금 슬펐다.

62

Day 10 p.68

2 문장 연결하기 The Three Little Pigs 문장을 연결하여 이야기를 다시 읽어요!

① The three little pigs built	"I'll blow your house down!"
② The first pig made	their houses.
③ The second pig made	his house with straw.
④ The wolf came and said,	his house with sticks.
⑤ And he did!	The pigs ran to the third pig's house.

① 아기 돼지 세 마리는 자신들의 집을 지었다. ② 첫 번째 돼지는 짚으로 자신의 집을 만들었다. ③ 두 번째 돼지는 나뭇가지로 자신의 집을 만들었다. ④ 늑대는 와서 "내가 너희 집을 불어 버리겠다!"라고 말했다. ⑤ 그가 그렇게 했다! 돼지들은 셋째 돼지 집으로 도망갔다.

⑥ The third pig made	the chimney to get in.
⑦ The wolf huffed and puffed,	a hot fire waiting!
⑧ The wolf climbed	his house with bricks.
⑨ But the pigs had	but he couldn't blow it down.
⑩ The wolf ran away,	and the three little pigs were safe.

⑥ 세 번째 돼지는 벽돌로 자신의 집을 만들었다. ⑦ 늑대는 입김을 크게 내뿜었지만 그는 그것을 불어 버릴 수 없었다. ⑧ 늑대는 들어가기 위해서 굴뚝을 올라갔다. ⑨ 하지만 돼지들은 뜨거운 불을 준비해 두고 있었다! ⑩ 늑대는 도망갔고, 아기 돼지 삼 형제는 안전했다.

68

Day 11 p.74

2 문장 연결하기 Thumbelina 문장을 연결하여 이야기를 다시 읽어요!

① Thumbelina was	her to the river.
② One day, a big frog took	and sat on a lily pad.
③ The frog said,	a tiny girl, no bigger than a thumb.
④ Thumbelina was sad	"You will marry my son!"
⑤ Suddenly, some little fish	came to help her.

① 엄지 공주는 엄지보다 크지 않은 아주 작은 소녀였다. ② 어느 날, 큰 개구리가 그녀를 강으로 데려갔다. ③ 개구리는 "너는 내 아들과 결혼할 것이다!"라고 말했다. ④ 엄지 공주는 슬퍼하며 수련 잎에 앉았다. ⑤ 갑자기, 어떤 작은 물고기들이 그녀를 돕기 위해 왔다.

⑥ They cut	the stem of the lily pad, and it floated away.
⑦ Thumbelina was free! She floated	new friends and found her home, a beautiful flower.
⑧ Birds sang	to her as she traveled.
⑨ A butterfly even pulled	far, far away on the river.
⑩ Thumbelina made	her lily pad for a while.

⑥ 그것들은 수련 잎의 줄기를 자르고 그것은 떠내려갔다. ⑦ 엄지 공주는 풀려났다! 그녀는 강 위에서 멀리멀리 떠다녔다. ⑧ 새들은 그녀가 여행하는 동안 노래해 주었다. ⑨ 나비가 한동안 그녀의 수련 잎을 당겨 주기도 했다. ⑩ 엄지공주는 새로운 친구를 만들고 그녀의 집, 아름다운 꽃을 찾아냈다.

74

Day 12 p.80

2 문장 연결하기 Hansel and Gretel 문장을 연결하여 이야기를 다시 읽어요!

① Hansel and Gretel got	and said, "Come inside, children."
② They found	lost in the woods.
③ The walls were	a house made of candy!
④ A witch came out	cookies, and the roof was cake.
⑤ But the mean witch locked	Hansel in a cage and made Gretel cook food.

① 헨젤과 그레텔은 숲속에서 길을 잃었다. ② 그들은 사탕으로 만들어진 집을 발견했다! ③ 벽들은 쿠키이고 지붕은 케이크였다. ④ 마녀는 나와서 "안으로 들어와라, 얘들아."라고 말했다. ⑤ 하지만 못된 마녀는 헨젤을 우리 안에 가두고 그레텔에게 음식을 요리하게 했다.

⑥ She planned to eat Hansel,	and happy again!
⑦ With a trick,	but Gretel was clever.
⑧ The witch was gone!	Hansel and Gretel ran out of the house.
⑨ They found their way	Gretel pushed her into the hot oven.
⑩ They were safe	back home to their mom and dad.

⑥ 그녀는 헨젤을 먹으려고 계획했지만, 그레텔은 현명했다. ⑦ 속임수를 써서 그레텔은 뜨거운 오븐 안으로 그녀를 밀었다. ⑧ 마녀는 사라졌다! 헨젤과 그레텔은 그 집에서 도망쳤다. ⑨ 그들은 자신들의 엄마와 아빠 집으로 되돌아가는 길을 찾았다. ⑩ 그들은 안전했고 다시 행복해졌다!

80

Day 13 p.86

2 문장 연결하기 Cinderella 문장을 연결하여 이야기를 다시 읽어요!

① Cinderella was sad	but she stayed home.
② Her stepsisters went,	because she couldn't go to the ball.
③ Then, a kind fairy came!	a pumpkin carriage.
④ Cinderella got	a shiny dress and glass shoes.
⑤ She also got	The fairy waved her magic wand.

① 신데렐라는 무도회에 갈 수 없었기 때문에 슬펐다. ② 그녀의 의붓자매들은 갔지만 그녀는 집에 머물렀다. ③ 그때, 친절한 요정이 왔다! 요정은 그녀의 마법 지팡이를 흔들었다. ④ 신데렐라는 빛나는 드레스와 유리 구두를 받았다. ⑤ 그녀는 또한 호박 마차도 받았다.

⑥ At the ball, Cinderella	she had to leave.
⑦ But when the clock struck twelve,	and lost one glass shoe.
⑧ She ran away	danced with the prince.
⑨ The prince found it	They lived happily ever after.
⑩ When he found her, the shoe fit perfectly!	and looked for her.

⑥ 무도회에서 신데렐라는 왕자와 춤을 췄다. ⑦ 시계가 12시를 치자 그녀는 떠나야 했다. ⑧ 그녀는 도망가다 유리 구두 한 짝을 잃어버렸다. ⑨ 왕자는 그것을 발견하고 그녀를 찾았다. ⑩ 그가 그녀를 찾았을 때 신발은 완벽하게 꼭 맞았다! 그들은 이후로 행복하게 살았다.

86

Day 14 p.92

2 문장 연결하기 Aladdin and the Magic Lamp 문장을 연결하여 이야기를 다시 읽어요!

① Aladdin found	a big genie came out!
② When he rubbed the lamp,	a magic lamp in a dark cave.
③ The friendly genie said,	all his wishes come true!
④ Aladdin wished	"I will grant your wishes."
⑤ The genie made	for food, gold, and a big palace.

① 알라딘은 어두운 동굴에서 마법 램프를 발견했다. ② 그가 램프를 문질렀을 때 거대한 지니가 나왔다! ③ 친근한 지니가 "내가 네 소원을 들어줄게."라고 말했다. ④ 알라딘은 음식, 황금 그리고 큰 궁전을 소원으로 빌었다. ⑤ 지니는 그의 모든 소원을 이루어지게 만들었다!

⑥ One day, a bad man stole	a clever plan.
⑦ Aladdin made	the lamp.
⑧ He went to the man's house	and the genie appeared to help him.
⑨ While the man wasn't looking,	and pretended to trade something.
⑩ He rubbed the lamp,	Aladdin quickly took the lamp back.

⑥ 어느 날, 나쁜 남자가 램프를 훔쳤다. ⑦ 알라딘은 현명한 계획을 짰다. ⑧ 그는 남자의 집으로 가서 무언가를 교환하는 척했다. ⑨ 그 남자가 보고 있지 않는 동안 알라딘은 빠르게 램프를 다시 가져왔다. ⑩ 그는 램프를 문질렀고 지니가 나타나 그를 도와주었다.

92

Day 15 p.98

2 문장 연결하기 Little Red Riding Hood 문장을 연결하여 이야기를 다시 읽어요!

① Little Red Riding Hood went	a big, scary wolf.
② She carried	a basket with yummy food.
③ On the way, she met	to visit her grandma.
④ The wolf asked,	"To grandma's house!"
⑤ She said,	"Where are you going?"

① 빨간 모자는 그녀의 할머니를 방문하러 갔다. ② 그녀는 맛있는 음식이 든 바구니를 들고 갔다. ③ 가는 길에 그녀는 크고 무서운 늑대를 만났다. ④ 늑대는 "너는 어디에 가니?"라고 물었다. ⑤ 그녀는 "할머니 집에요!"라고 말했다.

⑥ The wolf ran	"To eat you better!"
⑦ When Little Red Riding Hood arrived,	The wolf said, "To hear you better!"
⑧ She said, "Grandma, your ears are so big!"	ahead and tricked grandma.
⑨ She said,	"Grandma, your teeth are sharp!"
⑩ The wolf jumped up,	the wolf dressed like grandma and hid in her bed.

⑥ 늑대는 앞서 달려 가서 할머니를 속였다. ⑦ 빨간 모자가 도착했을 때, 늑대는 할머니처럼 옷을 입고 할머니의 침대에 숨었다. ⑧ 그녀는 "할머니, 할머니 귀가 너무 커요!"라고 말했다. 늑대는 "네 소리를 잘 듣기 위해서지!"라고 말했다. ⑨ 그녀는 "할머니, 할머니 이가 뾰족해요!"라고 말했다. ⑩ 늑대는 "너를 잘 잡아먹기 위해서지!"라며 뛰어올랐다.

98

Day 16 p.104

2 문장 연결하기 Puss in Boots 문장을 연결하여 이야기를 다시 읽어요!

① Puss in Boots had	"My master is a rich man!"
② He went to the king and said,	a smart plan to help his owner.
③ First, he ran ahead and	because they were scared of Puss, the cat.
④ "When the king comes,	told farmers in the fields,
⑤ The farmers agreed	say, 'This land belongs to my master.'"

① 장화 신은 고양이는 그의 주인을 도울 똑똑한 계획이 있었다. ② 그는 왕에게 가서 "나의 주인은 부유한 남자입니다!"라고 말했다. ③ 먼저, 그는 달려가서 들판에 있는 농부들에게 말했다. ④ "왕이 오면 '이 땅은 내 주인에게 속하는 것이다.'라고 말해라." ⑤ 농부들은 그 고양이가 무서웠기 때문에 동의했다.

⑥ Next, Puss went	he believed it belonged to Puss's master.
⑦ He tricked the giant	to a giant's castle.
⑧ The giant turned	into a mouse, and Puss ate him.
⑨ When the king visited the castle,	that he let his daughter marry Puss's master.
⑩ The king was so impressed	by asking, "Can you turn into a tiny mouse?"

⑥ 다음에, 고양이는 거인의 성에 갔다. ⑦ 그는 거인을 "당신은 작은 쥐로 변할 수 있나요?"라고 물으며 속였다. ⑧ 거인은 쥐로 변했고 고양이가 잡아먹었다. ⑨ 왕이 성을 방문했을 때, 그는 그 성이 고양이 주인의 것이라고 믿었다. ⑩ 왕은 너무 인상 깊어서 자신의 딸이 고양이의 주인과 결혼하게 했다.

104

Day 17 p.110

2 문장 연결하기

The Princess and the Pea

문장을 연결하여 이야기를 다시 읽어요!

① One rainy night, a princess knocked	wet and cold from the storm.
② She was	on the castle door.
③ She said,	if she was a real princess.
④ The queen wanted to know	under twenty soft mattresses.
⑤ She put a tiny pea	"I am a princess. Can I stay here tonight?"

① 어느 비 오는 밤, 공주는 성의 문을 두드렸다. ② 그녀는 폭풍우로 젖고 추웠다. ③ 그녀는 "나는 공주입니다. 제가 오늘밤에 여기에 머물러도 될까요?"라고 말했다. ④ 왕비는 그녀가 진짜 공주인지 알고 싶었다. ⑤ 그녀는 20개의 부드러운 매트리스 아래에 작은 콩을 넣어 두었다.

⑥ The princess went	"Did you sleep well?"
⑦ In the morning, the queen asked,	"You are a real princess!"
⑧ The princess said,	to bed but couldn't sleep.
⑨ The queen smiled and said,	a pea like that."
⑩ "Only a true princess can feel	"No! Something hard was under the bed. It hurt me all night!"

⑥ 공주는 자러 갔지만 잘 수 없었다. ⑦ 아침에 왕비가 "그대는 잘 잤느냐?"라고 물었다. ⑧ 공주는 "아니요! 딱딱한 어떤 것이 침대 아래에 있었어요. 그것이 밤새 나를 아프게 했어요!"라고 말했다. ⑨ 왕비는 웃으며 말했다. "그대는 진짜 공주이다!" ⑩ "진짜 공주만이 콩 같은 것을 느낄 수 있지."

110

Day 18 p.116

2 문장 연결하기

The Little Match Girl

문장을 연결하여 이야기를 다시 읽어요!

① The Little Match Girl was	and no warm clothes.
② She had no shoes	so cold and alone.
③ It was snowing,	a match to warm herself up.
④ She lit	and her hands were freezing.
⑤ When the match burned,	she saw a cozy fire and dreamed of a warm home.

① 성냥팔이 소녀는 너무 춥고 혼자였다. ② 그녀는 신발도 따뜻한 옷도 없었다. ③ 눈이 내리고 있었고, 그녀의 손은 얼어붙었다. ④ 그녀는 따뜻해지려고 성냥을 켰다. ⑤ 성냥이 타오르자 그녀는 아늑한 불을 보았고 따뜻한 집을 꿈꿨다.

⑥ She lit	the food was gone, too.
⑦ But when the match burned out,	one last match.
⑧ Then she lit	another match and saw a lovely meal.
⑨ She saw	because she felt safe and loved.
⑩ The girl smiled	her kind grandmother.

⑥ 그녀는 다른 성냥에 불을 붙이고 사랑스러운 음식을 보았다. ⑦ 하지만 성냥이 다 탔을 때 음식도 사라졌다.
⑧ 그러고 나서 그녀는 마지막 성냥에 불을 붙였다. ⑨ 그녀는 자신의 친절한 할머니를 보았다. ⑩ 그 소녀는 자신이 안전하고 사랑받는 느낌을 받았기 때문에 미소 지었다.

116

Day 19 p.122

2 문장 연결하기

Snow White

문장을 연결하여 이야기를 다시 읽어요!

① Snow White had	very jealous.
② Her stepmother, the queen, was	a kind heart and loved animals.
③ One day, the queen asked the mirror,	"Queen, you are fair. But Snow White is the fairest of all."
④ The mirror said,	"Mirror, Mirror, who's the fairest of all?"

① 백설 공주는 친절한 마음을 가졌고 동물들을 사랑했다. ② 그녀의 의붓어머니, 왕비는 무척 질투심이 많았다.
③ 어느 날, 왕비는 거울에게 "거울아, 거울아, 누가 가장 예쁘니?"라고 물었다. ④ 거울은 "왕비님이 예뻐요. 하지만 백설 공주가 누구보다 가장 예뻐요."라고 말했다.

⑤ The queen wanted	Snow White gone.
⑥ The wicked queen dressed	a bite and fell asleep.
⑦ Snow White took	her a gentle kiss.
⑧ A prince gave	like an old woman and gave her a poisoned apple.
⑨ The magic spell broke!	Snow White woke up and smiled.

⑤ 왕비는 백설 공주가 사라지길 원했다. ⑥ 사악한 왕비는 노파처럼 옷을 입고 그녀에게 독이 든 사과를 줬다.
⑦ 백설 공주는 한 입을 먹고 잠들었다. ⑧ 왕자는 그녀에게 부드러운 키스를 했다. ⑨ 마법 주문은 깨졌다!
백설 공주는 일어나 미소 지었다.

122

Day 20 p.128

2 문장 연결하기

The Frog Prince

문장을 연결하여 이야기를 다시 읽어요!

① The princess dropped	yes.
② Suddenly, a green frog hopped out and said,	her golden ball into the pond.
③ The princess said	and brought her ball back.
④ The frog jumped into the pond	"I can help you, but you must promise to be my friend."
⑤ That evening, the frog	came to the palace.

① 공주는 연못에 자신의 황금공을 떨어뜨렸다. ② 갑자기, 초록색 개구리가 뛰어나와 "내가 그대를 도울게요. 하지만 그대는 내 친구가 될 것을 약속해야 해요."라고 말했다. ③ 공주는 좋다고 말했다. ④ 그 개구리는 연못에 뛰어들어 그녀의 공을 되찾았다. ⑤ 그날 저녁, 개구리는 왕궁으로 왔다.

⑥ "You promised	happened.
⑦ The princess didn't want to,	to be my friend," he said.
⑧ After a few days, something amazing	into a handsome prince!
⑨ The frog turned	but her kindness broke it.
⑩ He was under a spell,	but her father, the king, told her to keep her promise.

⑥ "그대는 내 친구가 되기로 약속했어요."라고 그가 말했다. ⑦ 공주는 원하지 않았지만 그녀의 아버지인 왕은 그녀에게 약속을 지키라고 말했다. ⑧ 며칠 후에 대단한 일이 일어났다. ⑨ 개구리가 잘생긴 왕자로 변했다!
⑩ 그는 마법에 걸렸지만 그녀의 친절함이 그것을 깨뜨렸다.

128

'공부 습관'이야말로 가장 큰 재능입니다.
재능많은영어연구소는 최고의 학습 효과를 내는
최적의 학습 플랜을 고민합니다.

재능많은영어연구소 소장 윤미영

경희대학교 영문학과와 같은 대학에서 석사학위를 받았습니다. 20여 년 동안 지학사, 디딤돌, 키 영어학습방법연구소, 룽테일 교육연구소에서 초등생과 중고생을 위한 영어 교재를 기획하고 만드는 일을 해 왔습니다. 베스트셀러인《문법이 쓰기다》,《단어가 읽기다》,《구문이 독해다》, 혼공 시리즈《혼공 초등 영단어》,《혼공 초등 영문법》, 바빠 시리즈《바빠 초등 필수 영단어》, 영어독립 시리즈《초등영어 읽기독립》,《초등영어 쓰기독립》등을 집필했습니다.

그림 신유정

대학교에서 시각 디자인을 전공하고 유아 그림책 편집 디자이너로 일했으며, 지금은 프리랜서 일러스트레이터로 활동하고 있습니다. 그린 책으로《키즈 경제 돈 개념 배우는 마트 놀이》,《책 읽기가 재밌다! 2, 3》,《똑똑! 수해력 박사》,《헨젤과 그레텔》등이 있습니다.

필사로 시작하는 영어 독서 2 명작 동화 따라 쓰기

1판 1쇄 발행일 2025년 9월 29일

지은이 재능많은영어연구소
그린이 신유정

발행인 김학원
발행처 휴먼어린이
출판등록 제313-2006-000161호(2006년 7월 31일)
주소 (03991) 서울시 마포구 동교로23길 76(연남동)
전화 02-335-4422 **팩스** 02-334-3427
저자·독자 서비스 humanist@humanistbooks.com
홈페이지 www.humanistbooks.com
유튜브 youtube.com/user/humanistma
인스타그램 @human_kids

편집주간 황서현 **편집** 이주은 김혜정 **원어민 검토** Sherwood Choe
디자인 유주현 **음원 제작** 109Sound **조판** 홍영사
용지 화인페이퍼 **인쇄** 삼조인쇄 **제본** 정민문화사

ISBN 978-89-6591-641-3 64740
ISBN 978-89-6591-632-1 64740(세트)